私鉄屈指の高速鉄道として、京浜間から三浦半島へ路線を展開!

京浜急行電鉄
1960年代〜70年代の写真記録

写真：西原 博　解説：牧野和人

上下列車が堀之内駅の久里浜線ホームに停車する。久里浜行きの特急は「南房総」。接続する航路の行先である、房総半島の山並を想わせるような柄を描いた列車名票を掲出していた。濃淡の薄緑色で塗られた票は爽やかな印象である。緑と反対色の濃い赤で塗られた京急車両に良く映えた。◎堀ノ内　1976（昭和51）年7月17日

.....Contents

1章 カラー写真でよみがえる京浜急行電鉄

2章 モノクロ写真でよみがえる京浜急行電鉄

高架化後の六郷土手駅。周囲を六郷川（多摩川）が半円形に蛇行する岸辺に設置された。川崎
方を流れる川に架かる六郷川鉄橋梁が架け替えられた際、既存駅から京浜川崎（現・京急川崎）
駅寄りへ移転した上で高架化された。付近は当時より国鉄（現・JR東日本）東海道本線が並行
する住宅街だが、ホームからは青空を背景に、すっきりとした眺めが広がる。
◎1972（昭和47）年　撮影：小川峯生

はじめに

　第二次世界大戦後に東京急行電鉄から分離するかたちで新たに発足した京浜急行電鉄。東京、川崎、横浜と三浦半島の沿岸に点在する行楽地を結んで展開された路線には創業当初、前身となった会社が昭和初期に製造した電車群が運用された。ゆったりとした大きさの窓が印象的だったデハ230には、後に登場した高性能車に伍した電車としての美しさがあった。

　日本が高度経済成長期に入ると大量輸送を支えるべく、高性能なロングシート車が主力として台頭した。初代1000形は19年間の長きに渡り製造され、都市間輸送の速達列車から支線区の普通列車まで、活躍の場を広げていった。また三浦海岸、逗子等の行楽地に向けては列車名を掲出した特急列車が運転されて沿線に花を添えた。夏休み期間中には、三浦半島の海水浴場へ向けた期間限定の特急が運転された。昭和30年代当時、冷房装置はまだ京急電車に浸透していなかったが海で一日遊んだ後、若干気だるい体で乗り込んだ品川行きの特急列車で、開け放った窓から流れ込む風は心地良かった。

　東京と横浜を結ぶ民鉄黎明期の電車から車体塗装をまとった初期の高性能電車が共存していた京急の発展期は、趣味人として非常に興味深いひと時だった。

2023年 2 月　牧野和人

折り返し駅の京浜川崎（現・京急川崎）で発車を待つ都営地下鉄5000形。当駅で高架上にある本線用のホームは 2 面 4 線の線形。のりば番号は下階に設置されている大師線用のりばからの続き番号で 4 ～ 7 が振られている。◎京浜川崎（現・京急川崎）　1967（昭和43）年 6 月21日　撮影：日暮昭彦

1章
カラー写真でよみがえる
京浜急行電鉄

京急路線内で運転する普通列車用として設計、計画された2代目700形。1967（昭和43）～1971（昭和46）年にかけて84両が製造された。17m、18m級の車体に片開き式の4扉を備える。製造価格を抑えるために中間車を動力を搭載しない付随車とした。4両編成で運用され電動制御車のデハ701と付随車のサハ770で構成される。
◎横浜　1971（昭和46）年9月5日　撮影：日暮昭彦

湘南電気鉄道デ1形や京浜電気鉄道デ71形等、昭和初期に製造された民鉄電車は、大東急時代、京浜急行への別会社化
等を乗り越え、デハ230形として半世紀近くに渡って活躍を続けた。大師線の運用が終了した後、本線に「さよなら列車」
が運転された。特製のヘッドマークを掲出した列車がターミナル駅に停車する。
◎品川　1978（昭和53）年　撮影：矢崎康雄

八ツ山橋へ向かう普通列車。国鉄（現・JR東日本）線を跨ぐ上部トラス構造の鉄橋は1933（昭和8）年の竣工。それに伴
い八ツ山橋南詰から橋梁と高架区間を経由して品川駅への乗り入れが開始された。同時に既存区間であった北品川〜
高輪間は廃止され、北品川駅へ乗り入れる東京都電も姿を消した。
◎品川〜北品川　1965（昭和40）年　撮影：小川峯生

鶴見市街地で大きく蛇行する鶴見川を渡る3両編成。満潮時なのか、川面が橋桁の近くまで迫っているように見える風景の中を軽快に走る列車は、あたかも水上を滑っているかのように映った。いずれの車両も貫通扉が設置されておらず、一旦乗車すると車両の間を行き来することはできない構造であった。
◎鶴見市場〜京浜鶴見（現・京急鶴見）　1961（昭和36）年4月16日

地上駅時代の京浜川崎（現・京急川崎）駅構内。画面向かって左手のホームは大師線用。その横に本線下り、本線上り用のホームがある。本線用ホームは速達列車と普通列車の乗り換えが容易にできる線路配置。はたホーム同士は地下道で連絡していた。右手の隅には車庫が設置され、赤い車体に白帯を巻いた当時の新塗装車が留め置かれていた。
◎京浜川崎（現・京急川崎）　1960（昭和35）年　撮影：村多 正

戸部駅の横浜方では東海道国道 1 号が交差する。国道上には横浜市電保土ケ谷線の軌道があった。駅名を記載したガード越しに、続行で運転する路面電車の姿が見える。高島町〜保土ケ谷橋間は1970（昭和45）年に廃止。1972（昭和47）年 3 月末日を以て横浜の路面電車、トロリーバスは全廃された。◎戸部　1963（昭和38）年 6 月 9 日

三浦半島西岸に広がる海辺の街、逗子海岸へ直通する電車が駅を発車して行った。車両は片側に客室扉 3 枚を備える400形である。本車両は東京急行電鉄（大東急）時代の1947（昭和22）年にデハ5400形として10両が導入された。京急発足後にデハ400形と改番され、1965（昭和40）年に登場した新系列車両へ番号を譲りデハ480形となった。
◎上大岡　1964（昭和39）年 3 月29日

一面雪景色の中に新たな京急色が映えた。ホームは白板と化し、レールの間に横たわる枕木も姿を隠して普段は温暖な当地としては大雪に見舞われた日。モノトーンの世界で電車だけが唯一の生き物であるかのように黙々と動いていた。車両の雨樋から垂れ下がった氷柱が、厳しい寒さを物語っていた。◎京浜富岡（現・京急富岡）　1967（昭和42）年

快速特急「マリンパーク号」のヘッドマークを掲出した600形。京急は観光事業の一環として、三浦市油壺に水族館「油壺マリンパーク」を1967（昭和42）年４月１日に開園した。当施設へのアクセス列車として、同年９月より「マリンパーク号」を品川〜三崎口間に運転。三崎口と施設の間はバスで連絡した。◎金沢文庫　1968（昭和43）年９月29日

横浜〜京浜久里浜（現・京急久里浜）間を運転する海水浴特急。デハ230形が6両編成で運用に就く。小振りな16m級車とはいえ堂々とした姿である。湘南電気鉄道の創世期を支えた古参電車は、高精度で強靭な台枠を奢られて、京急の車両となってからも昭和50年代まで長期間に亘って使用された。◎金沢八景　1969（昭和44）年8月10日

2扉セミクロスシート車として登場した600形。鳥の翼を彷彿とさせる小振りなヘッドマークを掲出し、品川と三浦海岸を結ぶ「海水浴特急」の運用に就く。本形式を含む730形、750形、780形は1966（昭和41）年の改番で600形に統一された。600形としては2代目となった。◎金沢八景　1969（昭和44）年8月10日

金沢八景駅の構内西側は、笠森稲荷神社の境内から連なる鎮守の森が広がっている、ホームから見える茅葺屋根の建物は旧円通寺の客殿。江戸時代に当地へ東照宮が創建され、参詣客をもてなす施設として建設された。現在、客殿の周囲は金沢八景権現山公園として整備されている。◎金沢八景　1969（昭和44）年8月10日

海水浴特急が夏の風物詩として定着すると、品川以外の拠点駅を始発とする便が登場した。横浜始発の列車は三浦半島内の路線で完結する短距離列車だ。列車が到着すると、沿線住民と思しき普段着の乗客が大勢乗り込んでいった。行楽列車は主要な街を結ぶ便利な速達列車としても重宝されていた。◎金沢八景　1969（昭和44）年8月10日

三浦海岸行きの特急。1975（昭和50）年に三崎口までの区間が延伸開業するまで、三浦海岸駅は久里浜線の終点だった。定期で運転する特急は夏季になると海水浴場へ向かう行楽列車という性格を合わせ持っていた。普段は通勤客で混雑するロングシート車は、子ども達のはしゃぐ声で賑わった。
◎金沢八景　1969（昭和44）年8月10日

本線の終点、浦賀駅までの普通列車仕業に就くデハ230形。正面の窓枠や客室窓の二段上昇部分はアルミサッシ化されて、本来の姿とは趣を変えている。しかし2扉車が連なる姿は往年の優等列車を彷彿とさせた。窓際に立つ車掌の白い背中が旅情を誘っていた。
◎金沢八景
1969（昭和44）年8月10日

夏空の下へ久里浜〜金谷間の航路と連絡する特急「南房総」がホームを離れて行った。日中に久里浜線で運転される列車は1時間当たり5〜6本になる。列車の尾灯を見送ると、ホーム端の信号機はすぐに青から赤に変わった。画面の奥に見える線路は、浦賀方面へ向かう本線だ。
◎堀ノ内
1976（昭和51）年7月17日

品川と記された行先表示板と特急票を掲出した1000形の初期形車。4両編成の軽快ないで立ちで運転していた時代だ。正面窓は対称形の2枚で、国鉄80系に代表される湘南窓等と称される意匠だ。1000形は昭和30年代から50年代までの長きに渡って製造されたが、1961（昭和36）年以降に製造された制御車は、正面に貫通扉を備えた異なる姿になった。
◎金沢文庫　1967（昭和42）年　撮影：山田虎雄

東京急行電鉄（大東急）時代に電動車を制御車化改造して誕生したクハ350形のうち、クハ351～354の4両は1952（昭和27）年に再び電装化改造を受けて電動車に変身した。形式はデハ290形となった。好景気下の列車増発等で電動車の需要が高まる中、主に大師線等支線区の列車に充当された。
◎京浜川崎（現・京急川崎）～港町
1963（昭和38）年11月10日

大師線を行く3両編成の区間列車。前面に掲出する行先表示板には川崎、川崎大師と記載され、京浜川崎駅の頭につく「京浜」の文字は省かれている。一方、川崎大師駅は駅名通りの記載になっている。いずれも地域住民等に慣れ親しまれた呼び名故の表記となっているのであろう。◎京浜川崎（現・京急川崎）～港町　1963（昭和38）年11月10日

主要駅に設置されている車両基地で憩うデハ274。戦時下の大合併劇で東京急行電鉄が成立する以前に存在した京浜電気鉄道が1936（昭和11）年に導入したデ83形が元の車両。東急から京急へ移籍した際、同様な性能のデハ230形に編入された。車両の奥に1989（平成元）年まで駅の近くで操業していた明治製菓川崎工場の看板が見える。
◎京浜川崎（現・京急川崎）〜港町　1963（昭和38）年11月10日

京浜川崎（現・京急川崎）駅から本線より南東側へ分岐した大師線は、多摩川の堤に接近した所で第一京浜道路を潜る。隣駅港町へ続く線路は緩やかなS字状の曲線を描く。下り列車の背景に多摩川を渡る道路のアーチトラスが望まれた。架線柱はコンクリート製に建て替えられているが、車両は戦前派という近代化過渡期の風景だ。
◎京浜川崎（現・京急川崎）〜港町　1963（昭和38）年11月10日

神武寺は池子川の谷間に設置された小駅だ。当地を訪れたのはまだ早春の時期だったが、穏やかな陽光が降り注ぐ構内にデハ420形を先頭にした逗子行きの列車が入線して来た。京急の電車は金沢八景駅に隣接する東急車輌製造（現・総合車両製作所）等で製造されることが多い。それに対して同系列の車両は、唯一の日本車輌製造製である。
◎神武寺　1964（昭和39）年2月21日

京急の延伸と共に発展した野比地区。横須賀市の南東部を占める下北浦地区に属する。古利最宝寺、称名寺が建つ鎌倉時代からの居住地域だが、久里浜線の延伸で新たな街が形成された。遠望される丘陵地の麓には多層階のマンションが建ち並び、沿線に誕生した住宅街は横浜等のベッドタウンとして発展を遂げた。
◎京急久里浜〜野比（現・YRP野比）　1976（昭和51）年7月17日

三浦半島の西岸に佇む海辺の街三崎町。観光特急「みうらビーチ」は街の鉄道玄関口である三崎口まで通して運転される。久里浜から半島のやや内陸部を通る久里浜線の沿線は端山の麓、谷間の緑深い眺めが続き、海水浴場などにほど近い海岸路線という印象とは、異なる車窓風景が続く区間が思いのほか多い。
◎京急久里浜〜野比（現・YRP野比）　1976（昭和51）年7月17日

昭和40年代以降に開業した久里浜線の延伸区間には、築堤や高架橋が長く続く。開業時には灌木に蔽われた山野や農地が占めていた沿線は、鉄道の開業に前後して宅地開発が推進された。昭和50年代に入ると車窓には真新しい住宅の屋根が流れるようになり、その眺めは田園から街の風景に変貌していった。
◎京急久里浜〜野比（現・YRP野比）　1976（昭和51）年7月17日

久里浜線の延伸開業区間を行くデハ230形2両編成の区間列車。車体の塗装は赤地に白い帯を巻く新塗装だ。冬枯れの景色に建つ真新しいコンクリート製の架線柱が眩しい。現在では閑静な住宅街が点在する沿線には新たな区間が開業してしばらくの間、山野に囲まれた田園風景が続いていた。
◎野比（現・YRP野比）付近　1964（昭和39）年3月1日

1000形による特急が長編成の8両で海水浴場を目指して久里浜線を行く。1976年以降に新製された車両は、集中型の冷房装置を1両当たり1基、屋上に搭載。京急初の新製冷房車となった。著しく快適になった車内の様子を物語るかのように、各車両の窓は全てしっかりと閉められていた。
◎京急久里浜～野比（現・YRP野比）　1976（昭和51）年7月17日

新旧塗装を織り交ぜた3両編成の列車が空港線を行く。京浜蒲田駅の南側に当たる沿線は路地が入り組み、民家が立ち並ぶ下町だった。竿を通された洗濯物が風になびく様子を車窓越しに眺めるのどかさがあった。東京オリンピックが開催された年の撮影だが、空港連絡線という言葉とは結びつき難い情景である。
◎糀谷〜京浜蒲田（現・京急蒲田）　1964（昭和39）年3月22日

1956（昭和31）年に開業した旧羽田空港駅。しかし駅名となった羽田空港（東京国際空港）構内は付近を流れる海老取川の対岸にあった。また、当時の空港線は線内を折り返して運転する列車のみの設定で、空港連絡輸送の役割を果たしているとは言い難かった。1993（平成5）年に路線の延伸が完成して当駅は廃止。延伸部終点付近に新たな羽田（現・天空橋）駅が開業した。
◎羽田空港（初代）
1983（昭和58）年
撮影：荻原二郎

緑豊かな街並みを眼下に見て、線路がゆったりとした曲線を描く眺めは屏風浦駅付近からの眺望。横浜市の郊外にある当駅は、昭和初期に湘南電気鉄道の屏風ヶ浦駅として開業。後に読みはそのままに所在地の旧村名と同じ屏風浦（びょうぶがうら）駅と改称した。同地区には現在も「屏風ヶ浦」「屏風浦」と名づけられた施設が混在する。
◎屏風浦　1960（昭和35）年8月　撮影：羽片日出夫

三浦海岸駅から路線が延伸され、久里浜線の終点として三崎口駅が開業したのは1975（昭和50）年。ホームから上り方を眺めると木々の緑が続いていた。コンクリート製の架線柱や枕木、信号施設等は未だ新しい風合いである。当時の最新施設に囲まれた線路上を、押上行きとなって折り返して行く1000形が少し古めかしい電車と映った。
◎三崎口　1978（昭和53）年　撮影：荻原二郎

泉岳寺駅から都営地下鉄1号線（現・浅草線）を経由して青砥駅までやって来た1000形が、京成本線へと足を踏み出した。松の内を過ぎたとはいえ、「成田山」と記載されたヘッドマークを運転席の下部に掲出した列車は新勝寺へ向かう参詣列車だ。赤い京急電車は本年の干支であった亥（いのしし）のごとく、本線へ加速して行った。
◎京成本線 青砥 1971（昭和46）年1月17日 撮影：長谷川 明

青空の下、真っ赤な車体塗装の1000形が京成本線を行く。行先は逗子線の終点である逗子海岸（現、逗子・葉山）だ。泉岳寺駅の開業後に春、夏の行楽期を中心に京急、都営地下鉄1号線（現・浅草線）、京成間で列車の相互乗り入れが行われた。千葉の京成沿線住民を都内を越えて三浦半島の海水浴場へ乗り換えなしで運ぶ列車だった。
◎京成本線 八千代台～実籾 1973（昭和48）年8月 撮影：長谷川 明

京浜急行沿線案内【昭和戦後期】

海水浴やハイキングのレジャー客を意識した、京浜急行（京急）の沿線案内図で、カラフルで楽しい内容となっている。
神奈川側は逗子線の終点が逗子海岸駅、久里浜線の終点が湘南久里浜駅となっていた。この後、久里浜線が三崎口駅まで開通するのは1975（昭和50）年である。空港（穴守）線の終点は羽田空港駅である。

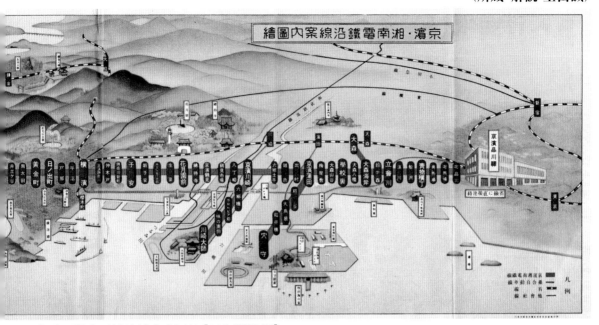

京浜・湘南電鉄沿線案内図絵【昭和戦前期】

国鉄品川駅への乗り入れを果たした京浜電気鉄道、湘南電気鉄道の沿線案内図である。両者は1941（昭和16）年に合併し、現在の京浜急行（京急）の路線となってゆく。この頃、東京側には羽田に海水浴場があり、グラウンドや競馬場もある娯楽・観光地となっていた。神奈川側の終点は浦賀駅となっている。

京浜急行の時刻表（大正14年3月）

大正十四年三月十六日改正

高　輪・神　奈　川　間（非連帶線）
（京濱電氣鐵道線）

驛　名	本　線—高輪、海岸、蒲田、川崎、鶴見、神奈川　　支　線—海岸、大森、蒲田、大島居、穴守　川崎、大師
運轉時刻	高　輪—神奈川　（全區間 13.5 哩　運賃 35 錢）　全區間 50 分ヲ要シ 4.15 ヨリ 1.00 マデ兩終點ヨリ約 3 分毎ニ運轉
	高　輪—大　森　（全區間 8.4 哩　運賃 9 錢）　全區間 17 分ヲ要シ 10.00 マデ兩終點ヨリ約 3 分毎ニ運轉
	高　輪—蒲　田　（全區間 5.0 哩　運賃 14 錢）　全區間 22 分ヲ要シ 5.50 ヨリ 8.30 マデ兩終點ヨリ約 3 分毎ニ運轉
	海　岸—大　森　（全區間 0.4 哩　運賃 4 錢）　全區間 3 分ヲ要シ 4.50 ヨリ 12.30 マデ兩終點ヨリ約 4 分毎ニ運轉
	蒲　田—穴　守　（全區間 2.4 哩　運賃 12 錢）　全區間 8 分ヲ要シ 5.00 ヨリ 12.00 マデ兩終點ヨリ約 9 分毎ニ運轉
	川　崎—大　師　（全區間 1.3 哩　運賃 8 錢）　全區間 10 分ヲ要シ 4.50 ヨリ 12.30 マデ兩終點ヨリ約 8 分毎ニ運轉

（昭和15年10月）

十五年十月一日訂補

品　川・横　濱・浦　賀　間 ⓤ
（品川・日ノ出町間ハ京濱電氣鐵道線、日ノ出町・浦賀間ハ湘南電氣鐵道線）　連絡驛ノミヲ示ス　○印ハ急行停車驛

本線驛名：品川省、北品川、北馬場、南馬場、○青物横丁、鮫洲、濱川、○立會川、鈴ケ森、○大森海岸、大森八幡、○學校裏、大森山谷、梅屋敷、○京濱蒲田、○出村、雜色、六郷土手、○京濱川崎、○八丁畷、鶴見市場、○京濱鶴見、總持寺、花月園前、生麥、キリンビール前、○新子安、○子安、神奈川新町、仲木戸、京濱神奈川、○横濱省、平沼、戸部、○日ノ出町、○黄金町、南太田、井土ケ谷、弘明寺、○上大岡、○金澤文庫、金澤八景、追濱、○湘南田浦、安針塚、逸見、○横須賀汐留、横須賀中央、横須賀公郷、湘南大津、浦賀（急行ハ品川、黄金町間トス）

浦　賀　行

線名	粁程	運賃	驛　行名先	直初通發	此　間	直終通發
京濱電氣鐵道線	0.0	錢	品川省發		交互各12分毎ニ運轉	10 44
	4.8	10	大森海岸〃	5 12		10 56
	8.0	15	京濱蒲田〃	5 19		11 03
	11.3	20	京濱川崎〃	5 25		11 09
	22.5	34	京濱鶴見〃	5 31		11 15
	24.9	40	横　濱省〃	5 46		11 30
湘南電氣鐵道線	31.4	42	黄金町〃	5 51		11 36
	39.6	68	金澤文庫〃	6 14		11 58
	41.5	83	金澤八景〃	6 19		12 00
	42.9	74	追　濱〃	6 19		0 03
	49.8	87	横須賀中央〃	6 30		0 14
	55.6	97	浦　賀著	6 40		0 24

品　川　行

線名	粁程	運賃	驛　行名先	直初通發	此　間	直終通發
湘南電氣鐵道線	0.0	錢	浦　賀發	4 59	交互各12分毎ニ運轉	10 54
	5.6	11	横須賀中央〃	5 09		11 05
	12.7	24	追　濱〃	5 14		11 15
	14.6	27	金澤八景〃	5 23		11 17
	16.0	30	金澤文庫〃	5 25		11 20
	29.9	56	黄　金　町〃	5 46		11 41
京濱電氣鐵道線	30.7	57	横　濱省〃	5 52		11 48
	33.3	60	京濱鶴見〃	6 03		0 03
	40.3	72	京濱川崎〃	6 08		0 08
	43.8	77	京濱蒲田〃	6 13		0 15
	47.6	82	大森海岸〃	6 18		0 22
	50.8	87	品　川省著	6 27		0 34

支線

線名	驛　名	粁程	運賃	運　轉　時　間
京濱電鐵穴守線	京濱蒲田、大島居、穴守（品川・穴守間）	3.9 粁 / 11.9 粁	10 錢 / 25 錢	京濱蒲田—穴守｛京濱蒲田發 5 00 ヨリ 11 40 マデ／穴守發 5 10 ヨリ 11 50 マデ｝7 分ヲ要シ　6分乃至10分毎ニ混雜時ハ6分毎ニ運轉
京濱電鐵大師線	京濱川崎、川崎大師（品川・川崎大師間）	2.5 粁 / 14.3 粁	10 錢 / 30 錢	京濱川崎—川崎大師｛京濱川崎發 5 00 ヨリ 11 33 マデ／川崎大師發 5 10 ヨリ 11 45 マデ｝5 分ヲ要シ　6 分乃至10分毎ニ運轉
湘南電鐵逗子線	金澤八景、湘南逗子（品川・湘南逗子間）	6.1 粁 / 47.1 粁	11 錢 / 73 錢	金澤八景—湘南逗子｛金澤八景發 5 20 ヨリ 0 02 マデ／湘南逗子發 5 32 ヨリ 0 12 マデ｝8 分ヲ要シ　12分毎ニ運轉

（昭和31年12月）

31.12.16 改正

品川—浦賀—逗子海岸—久里浜 ⓤ （京浜急行電鐵）

初電		終電		粁	賃	駅名	初電			終電		運転間隔
	500	2232	2500 2400	0.0	円	発品　川⑪着	556	606	646	014		普通　10分毎
	514	2246	2514 014	5.7	10	〃学校裏発	532	552	632	2400		急行　品川—浦賀
	520	2251	2519 019	8.0	20	〃京浜蒲田〃	527	547	623	2354		
451	526	2256	2526 025	11.8	30	〃京浜川崎〃	521	541	616	2348	018	品川発 600—2220
453	528	2300	2528	13.1	30	〃八丁畷⑪〃	519	539	614	2346	016	浦賀発 600—2213
457	532	2304	2532	15.3	30	〃京浜鶴見〃	515	535	611	2342	012	10—20分毎　所要77分
459	534	2306	2534	16.1	40	〃花月園前〃	513	533	609	2340	010	
501	536	2308	2536	16.9	40	〃生　麥〃	511	531	607	2338	008	特急　品川—久里浜
512	500 547	2319	2547	22.3	50	〃横　浜⑪〃	500	520	554	2327	2357 011	所要60分
518	506 553	2325	2553	25.7	60	〃黄金町〃		512	547	2320	2350 005	
528	516 603	2335	003	32.5	70	〃上大岡〃		503	538	2311	2341 2356	（平日）浦賀行 740
541	529 615	2347	016	42.7	90	〃金沢文庫〃		450	525	2308	2328 2343	800.820.840
543	531 618	2350		44.3	100	〃金沢八景〃			521	2255	2325 2340	久里浜行 900
554	542 630	002		53.1	120	〃逸　見〃			510	2243	2313 2329	（土曜）浦賀行
557	545 633	005		54.7	120	〃横須賀中央〃			506	2240	2310 2325	1240.1340
603	556 638	010		60.2	130	〃横須賀堀の内〃			502	2235	2325 2321	（休日）浦賀行 840
	602	016		61.3	130	著浦　賀発			456	2227	2300 2315	

初電	終電	粁	賃	駅名	初電	終電	間隔		初電	終電	粁	賃	駅名	初電	終電	間隔
5 20	23 22	0.0	円	発京浜蒲田着	5 37	23 37			5 18	23 29	0.0	円	発堀の内着	5 43	23 44	
5 27	23 29	3.1	10	着羽田空港発	5 30	23 30	5—10分		5 20	23 36	5.1	10	著湘南久里浜発	5 36	23 37	20分
5 00	23 10	0.0	円	発金沢八景着	5 23	23 33			5 00	23 30	0.0	円	発京浜川崎　着	5 25	23 51	4—
5 06	23 16	4.1	10	〃神武寺発	5 17	23 26	10分		5 08	23 38	3.8	10	著産業道路　発	5 17	23 43	10分
5 10	23 19	5.7	10	〃湘南逗子〃	5 13	23 23			5 40	22 00	0.0	円	発京浜川崎　着	6 05	22 28	12—
5 11	23 21	6.1	20	着逗子海岸発	5 12	23 22			5 52	22 12	5.7	10	著塩　浜　発	5 53	22 16	20分

2章
モノクロ写真でよみがえる
京浜急行電鉄

鉄道による小荷物輸送が盛んに行われていた頃には国鉄、民鉄を問わず多くの路線で荷物列車が運転されていた。京急でも昭和時代の末期まで専用列車の設定があった。「荷物」と記載された長方形と楕円2種類の列車種別票を掲出したデハ230が2連で、旅客列車として通い慣れた本線を行く。◎1970（昭和45）年4月

京浜急行本線

本線の主力として急行運用に就くデハ230
形。大師線へ直通する行先表示板を掲出し
ていた。車体に対して大きく見える窓周り
の表情が個性的だ。昭和30年代の半ば。本
線の起点である品川駅は短編成の電車が似
つかわしい小ぢんまりとした佇まいで、ホ
ームから青空を仰ぎ見ることができた。
◎品川　1961（昭和36）年1月5日

箱根駅伝の中継等で放映される機会が
多い品川駅東方に架かる八ツ山橋。日
本の鉄道が産声を上げた新橋〜横浜間
の開業と同じ1872（明治5）年に竣工し
た道路橋の南詰から、国鉄（現・JR東日
本）線を跨ぐ橋が架けられたのは1933
（昭和8）年4月1日だった。当初、北
品川方に敷設された線路は併用軌道で
あった。
◎品川〜北品川
1961（昭和36）年6月15日

久里浜線の京浜久里浜（現・京急久里浜）へ直通する急行列車が、始発駅で発車時刻を待っていた。先頭のクハ356は戦災復旧車の元クハ5350形である。1948（昭和23）年に京浜急行電鉄が成立した際、クハ350形と改番された。左右3枚ずつ備える客室扉の外側にステップを備えていた。◎品川　1961（昭和36）年6月15日

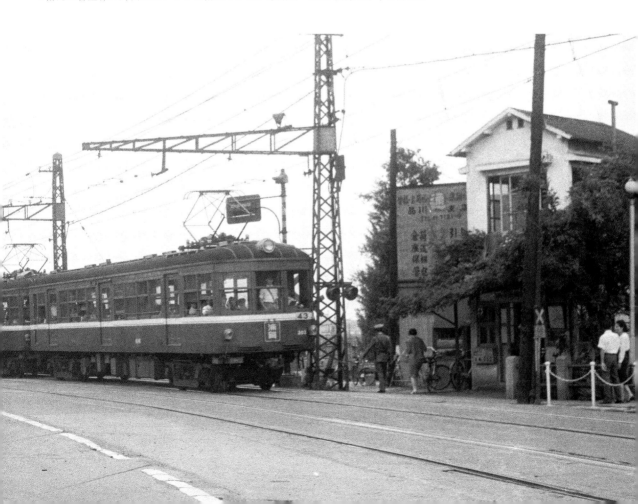

電動車2両で編成された浦賀行きの電車が、北品川へ向かう併用軌道区間へ進む。車体は1色塗りで窓の下に太めの線を巻くいで立ちだ。北品川方に連結されていたデハ304は、同系車両が更新化改造を受ける中で両端部に貫通扉の設置、固定編成化による貫通化が進む中、最後まで非貫通の仕様で残った1両だった。
◎品川〜北品川　1961（昭和36）年6月15日

集電装置を前端部の屋根上に載せた勇ましい姿で本線の起点駅に佇む電車はデハ231。京浜急行電鉄を形成した前身母体の一つである湘南電気鉄道が1929（昭和4）年の同路線開業に合わせて投入した元デ1形の1番車である。京急の発足時、他社に所属していた同系車両は1形式にまとめて230形と改番された。◎品川　1961（昭和36）年7月16日

北側が行き止まり構造になった起点駅のホームに停車するデハ300とデハ500、クハ550を混結した湘南久里浜（現・京急久里浜）行き急行。先頭に立つデハ315は、東急電鉄が1942（昭和17）年に投入した元デハ5300形である。17m級の半鋼製車体を載せた車両で20両が製造された。京急の発足時にデハ300と改番された。
◎品川　1961（昭和36）年9月8日

始発駅に停車する1000形の特急「はまかぜ」は逗子海岸行き。運転台の下に小振りなヘッドマークを掲出していた。人気がないホームには大振りな球形のカバーを被せられた照明装置がいくつも並ぶ。優美に映る曲線を描く、上屋を支える鋼製の柱とあいまって、旅情豊かな停車場の雰囲気を演出していた。
◎品川　1965（昭和40）年7月1日

品川駅に到着した電車は泉岳寺寄りの留置線に入り、折り返し浦賀行き普通列車として運用される。京急は現在、都営地下鉄線を介して京成電鉄線・北総鉄道線と乗り入れ、千葉県から神奈川県まで、東京湾を半周するような鉄道ネットワークが完成した。◎品川　1968（昭和43）年6月21日　撮影：日暮昭彦

品川駅を発車した400形。第二次世界大戦時から戦後にかけて製造された18m級の車体を持つ吊り掛け駆動の多様な3扉車を、1965（昭和40）年に実施された改番で本形式に統合した。後の更新化改造で車体を乗せ換え、特急から普通列車まで幅広い運用に就いた。◎品川〜北品川　1967（昭和42）年11月5日　撮影：日暮昭彦

目黒川を挟んで北馬場、南馬場の両
駅があった頃。右岸の堤防沿いには
ヤナギの木立が続き、風にそよぐ枝
葉が涼し気な眺めを演出していた。
鉄道の上流方には、第一京浜道路と
なった国道15号線が並行する。橋梁
の周辺には洗濯物が干された民家と
思しき建物が散見され、生活感の香
る下町の風情が漂っていた。
◎北馬場～南馬場
1961（昭和36）年10月13日

品川を発車した下り列車は右手に大きな曲線を描いて、駅構内で並行していた東海道本線等の国鉄（現・JR東日本）線をトラス橋梁で跨ぐ。その先は西側に並行する第一京浜道路からの左折路を遮るかのように北品川まで線路が延びている。濃い緑色に塗られた橋梁は雄々しい表情を見せていた。
◎北品川～品川
1976（昭和51）年10月

拠点駅品川を目指すクハ550とデハ500の2両編成。駅構内が設置される前の目黒川を渡って行った。同区間を含む品川（現在の北品川）〜八幡間を結ぶ路線が開業したのは1904（明治37）年。その後も護岸工事は幾度となく行われてきたのであろうが、橋梁の周辺には遠い時代を思い起こさせる風合いの石積み等が残っていた。
◎北馬場〜南馬場　1961（昭和36）年10月13日

都内を流れる目黒川。京急本線は品川区内で東京湾に注ぐ川を渡る。古くは同界隈でこの河川を品川と称し後に地名
へ引き継がれたとされる。鉄道、道路が発達する以前は水運の要所でもあった。水面と鉄道橋梁下部の間は狭く、小さ
な荷物船がやっと通ることができるような高さ、幅である。
◎北馬場〜南馬場　1961（昭和36）年10月13日

上り列車から北馬場駅方面を望む。迫って来る下り列車の向こうに完成した高架部分が見える。高架は目黒川を渡り、
北品川駅まで延びている。乗車した列車の前方には、左手の第一京浜道路へ続く道路が渡る踏切が残されている。頻繁
に列車が往来する本線だが、南馬場には構内踏切があった。
◎南馬場　1976（昭和51）年10月

高架工事で手狭になった北馬場駅のホーム。ホームの上部には細身の鉄パイプを柱、梁に使い板を葺いた簡易な構造の上屋が架けられていた。ホーム上へ新たに建設された高架橋柱は木板で囲まれ、工事期間中の注意事項等を記載した紙が貼られている。信号機類は、高架橋の柱に取り付けられていた。
◎北馬場　1976（昭和51）年10月

上り列車が北馬場駅を発車して行った。高架工事で薄暗くなった線路の周辺は、陽光の下で住宅街の間を縫い、目黒川を渡る従来の街情緒を感じさせる眺めとは全く異なる様子になった。工事が完成すれば、高架上から見慣れた街並みを鳥瞰する新鮮な車窓が日常風景となる。◎北馬場　1976（昭和51）年10月

北馬場駅付近で進む高架化工事。上り線は高架方へ若干線形を変えて新たな線路と締結されるようだ。元あった門型の架線柱は分断され、高架部分には片持ち式の架線柱が設置されていた。列車の運行中も工事は行われ、線路際にはヘルメットを被った作業員が大勢待機している。
◎南馬場〜北馬場　1976（昭和51）年10月

1975（昭和50）年8月27日に北品川〜青物横丁間の下り線が高架化され、下り線のみが北馬場、南馬場駅を先行して統合。ホーム上の駅名票には「北馬場・南馬場」と記載されていた。行燈式の大柄な施設は、新馬場駅の開業により短期間でお役御免となる運命にあった。◎北馬場・南馬場　1976（昭和51）年10月

完成した下り線を行く都営地下鉄5000形。地下鉄からの乗り入れ列車は本線の京浜川崎（現・京急川崎）まで乗り入れる。新駅は近代的な高架ホームを備える。上り線の線路も新調され、今にも電車が入って来そうだ。時刻表等の表記類が置されて10月15日の上り線開通を待つばかりとなっていた。
◎北馬場・南馬場　1976（昭和51）年10月

高架化工事が完成を迎えようとしていた頃の
北馬場駅前。駅舎壁面の奥に押し込まれたよ
うで窮屈そうに見える自動券売機が見える。
しかし、その横には駅の必需品であった伝言
板が健在だ。周囲には新馬場駅の誕生と工事
による不便を詫びる立て看板。新駅の様子を
描いた紙が掲示されていた。
◎北馬場
1976（昭和51）年10月

都営地下鉄1号線（現・浅草線）へ直通す
る特急列車が北馬場駅を通過して行っ
た。新たに建設された高架線の下はトン
ネルのような形状で優等列車が通過する
度、構内に轟音を響かせた。下り線は撤
去され高架上に移されている。線路跡に
はまだ砕石が敷き詰められたままで、そ
の上には資材が置かれている。
◎北馬場
1976（昭和51）年10月

本線の終点浦賀駅行きの列車。デハ
400形2両が編成の前部に連結されて
いた。本車両は第二次世界大戦後の
復興期に岡山県下の三井玉野造船所
（現・三井E＆Sホールディングス）で
製造された。物資不足の中で製造さ
れたために各部の材質は低く、昭和
40年代に入って新造車体に乗せ換え
る更新化を施工され、全車が付随車
サハ480になった。
◎京浜蒲田（現・京急蒲田）
1964（昭和39）年4月26日

京急線内で擦れ違う都営地下鉄5000形。品川駅を目指す列車は小岩と行先表示器に掲出していた。小岩とは京成電鉄本線の京成小岩駅を指す。京急と都営地下鉄、京成との相互乗り入れが始まって以来、都内を横断する利便性の高い列車はすっかり沿線住民の足として定着し、異なる地域同士の活性化に貢献していた。
◎北馬場～北品川
1976（昭和51）年10月

品川～立会川付近(昭和4年・昭和41年)(地図解説・生田誠)

1904(明治37)年の延伸以来、京浜電気鉄道(現・京急)の起終点は、現在の北品川駅である初代品川駅(電停)であったが、1925(大正14)年に高輪～品川間が開通し、国鉄の品川と向かい合う場所に誕生した高輪駅が、東京側の起点駅となった。付近には朝香宮、竹田宮、北白川宮邸があり、毛利邸や岩崎邸も存在していた。京急本線は八ツ山橋を越えて南に進み、現・北品川駅に至る。地図上では、左の地図には駅名の表示はないものの、北馬場駅と南馬場駅が置かれており、

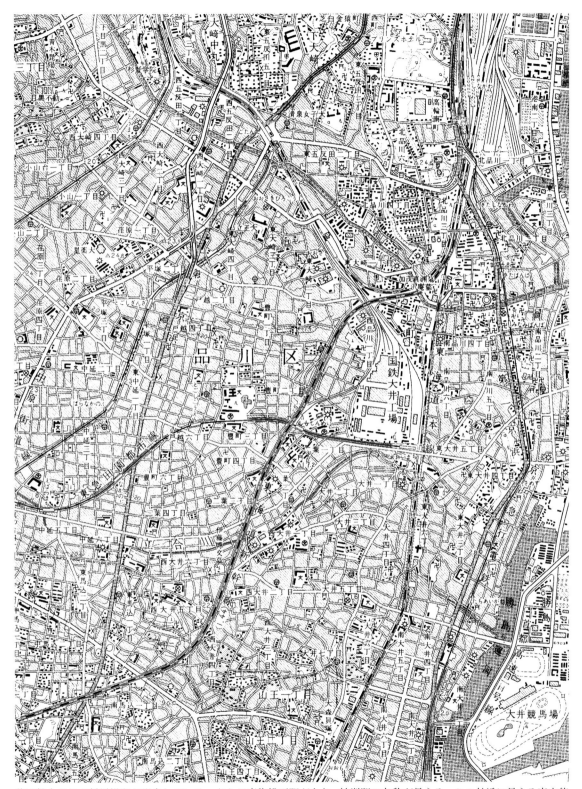

後に統合されて新馬場駅が誕生している。さらに青物横丁駅があり、鮫洲駅の名称が見える。この付近に見える府立第
八高等女学校（府八女校）は、現在の都立八潮高校の前身である。この西側には国鉄の大井工場があり、大井町駅が置か
れている。海岸に「浜川」「立会川」の文字が見える付近にあるのは立会川駅。左の地図は、東京市が３５区に拡張さ
れる前であり、荏原区に大井町と品川町が存在していた。

『大田区史に登場する京浜急行』

京浜電車の乗り入れ

　日露戦争後の東京は、「帝都」として市域外の郡部といわれた郊外地へと膨張し、「大東京」を形成して行く。東京近郊の農村地域は、「帝都」に流入してくる多種多様な人びとの住宅地となり、「大東京」の傘下に入った。近郊農村の宅地化は、市内電車の終点が内藤新宿（現新宿）、渋谷、大崎、品川、巣鴨、滝野川の諸町へと放射状に達したことで、鉄道院の山手線、京浜線、赤羽線、中野線をはじめ、大森に達した京浜電車、渋谷を起点とする玉川電車、内藤新宿を起点とする京王電車とつながり、市内と隣接町村を結ぶ交通網が形成されたことで成立された。

　京浜電車とよばれた京浜電気鉄道線は、明治34（1901）年に川崎方面から六郷橋のところで多摩川を渡り、当時の東海道をたどり、大森駅前に達した。この線は、2年前に関東地方における最初の電車による営業線として、川崎宿から川崎大師まで、道路上の小形車で動きだした大師電鉄が、京浜間連絡をめざし、社名を改め、その第1期延長線として開通させたものである。京浜電車は、翌35年には途中の蒲田（現京急蒲田）から海老取川手前の穴守まで支線を出し、穴守稲荷への参詣線も兼ねることで、多摩川河口域の住民の足となった。この線は明治43年まで単線であった。なお35年には、六郷橋の南詰、大師方面の分岐点から、鉄道院の川崎駅に近い川崎（現京急川崎）まではいっている。さらに第2期延長線工事では東京へと伸びるべく、大森駅前のひとつ手前八幡から北上し、品川宿の北端、八ツ山橋手前まで、37年に開通させたのであった。

　京浜電車は、大森駅前から出るようになったことで、官設線を通じて、東京と結ばれることとなった。官設線の川崎からと当初計画していた会社にとって、ようやく既設鉄道と直結できたわけで、35年には、蒲田から多摩川河口左岸域に、右岸側の大師線に平行するかたちの、穴守線もでき、大師行と穴守行とが、大森駅前から出発することとなって、また京浜電車の車庫も、ここに設けられ、大森は多摩川河口方面へのターミナル駅となった。

　大森に出入した京浜電車は大師電鉄開業時と同様な小形の単車（四輪車、二軸車ともいわれ、少し後に開業した阪神電鉄のボギー車が長い車体のため前後の台車の動きと、車体の動きと切りはなす工夫をしてあるのにたいし、長さの短い車体であること

から、台車は車体にくくりつけてある形式）で、必要によって、付随車（トレーラー、モーターおよび運転装置をもたぬ車輌）をつなぎ、ひっぱる方式をとっていた。この方式の利点は、乗客の多少により1両で運行したり、2両連結とするなど随時変更できる点にある。他方難点は、終端駅での2両連結の折り返しに、時間を要することである。先頭車だけが運転装置をもつことから、終点で反対方向に出発するのに、いちいち車両の付けかえを必要とするため、運転間隔の短い運転に障害となった。そのため、京浜電車では、当時の各終点をループ線形式とした。車庫を新設した大森では、これをぐるりとまわる線形とした。終点に来た電車は、円弧状のループ線構造のため、自然と反対方向行となり、トレーラーを付けかえる面倒がなく、途中駅と同じ発着となっていた。その名残りは、現在のJR大森駅東口の道路状況に痕跡をとどめている。なおループ線の構造は、大森のほか、穴守線の両端の穴守と鎌田に設けられていた。

48

大森海岸～梅屋敷付近（昭和4年・昭和41年）

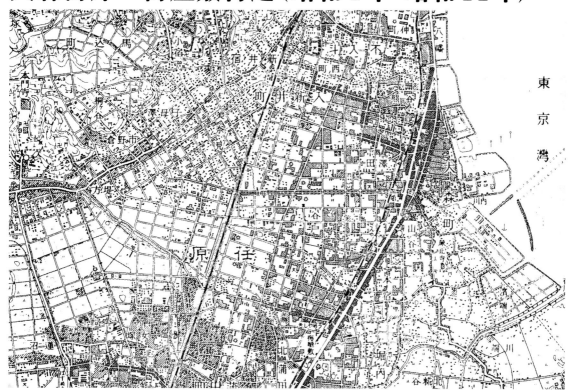

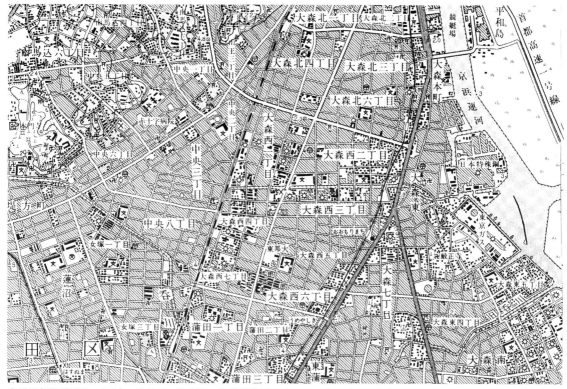

京浜電気軌道（現・京急）の本線は、東京湾の海岸線付近を走っており、夏には海水浴客で賑わう路線でもあった。現在の大森海岸駅付近はそんな海水浴場のひとつで、海苔の産地（養殖場）としても有名だったが、沖合の埋め立てによりどちらも姿を消した。戦前の地図に見える山谷駅は一旦、廃止された後、1952（昭和27）年に大森町駅として再開業している。梅屋敷駅は、梅の名所であった蒲田梅屋敷の最寄り駅として賑わっていた。

多摩川を渡る300形と420形を連結した4両編成。朝の光を受けて車体を輝かせる3扉車は通勤電車の風情に溢れていた。東京都内を縦断する大河である多摩川だが、京浜の本線が通る六郷付近から河口部までは9kmほどの距離であり、干潮時になると川の水も大きく引いて、所々に底部が見られるようになる。
◎六郷土手～京浜川崎（現・京急川崎）　1965（昭和40）年3月14日

市街地の大通りを跨ぐ踏切は数本の上下列車が行き交う中で、人や自動車にとっては長い待ち時間を強いらる難所だった。遮断装置を睨みつけるように５台の自動車が並んでいた。昭和40年代の始め。都会の路線バスには未だボンネットバスの姿があった。品川行の列車をやり過ごして、ようやく道路は開かれた。
◎京浜川崎（現・京急川崎）　1965（昭和40）年３月７日

京浜川崎（現・京急川崎）駅は国鉄（現・JR東日本）川崎駅と対峙する位置にある。市役所にほど近い市の中心部にある
駅周辺には、本線が地上にあった時代から高いビルがいくつも建っていた。高架化工事の準備で、本線の周りに蔽いが
建てられてからも、線路を見下ろすかのようにビル群が顔を覗かせていた。
◎京浜川崎（現・京急川崎）　1965（昭和40）年3月7日

本線の京浜川崎（現・京急川崎）駅付近は1966（昭和41）年5月11日に上り線、21日に下り線の高架工事が完了し供与が
開始された。工事現場となる既存の線路周辺における準備工事と合わせ、1年以上におよぶ一大事業となった。竣工の
前年、電車の高さほどある蔽いに囲まれた地上線を急行列車が駆け抜けた。
◎京浜川崎（現・京急川崎）　1965（昭和40）年3月7日

高架化工事が完了した年の12月に京浜川崎（現・京急川崎）駅構内の改良工事が完成。また、同時期に駅の周辺に設置されていた踏切施設の撤去作業も完了した。市の中心部にあった踏切は人、自動車の流れを南北に分断する温床になっていたが、線路の高架化で通りの渋滞は緩和された。◎京浜川崎（現・京急川崎）　1965（昭和40）年 3 月 7 日

東京、川崎、横浜、横須賀の各都市を結んで関東西部の沿岸部を横断する京急本線。川崎市の近郊区間でも逗子や久里浜等、海辺に佇む街の名を掲出した列車と出会う機会は少なくない。正面に大きな三枚窓を持つデハ420形が、逗子と記載された行先表示板を掲出してやって来た。４両編成に電動車３両が組み込まれた強力な列車だ。
◎京浜川崎（現・京急川崎）　1965（昭和40）年３月７日

1968（昭和43）年6月21日に泉岳寺〜品川間が開業。都営地下鉄1号線（現・浅草線）との間で相互直通運転が始まった。当初、都営地下鉄車両は本線の京浜川崎（現・京急川崎）まで乗り入れた。京成電鉄押上線の青砥を行先表示器に掲出した都営地下鉄車両の5000形が発車を待つホームの隣に、400形の普通列車が入って来た。
◎京浜川崎（現・京急川崎）　1968（昭和43）年5月

本線が地上にあった頃、京浜川崎（現・京急川崎）駅の横浜方に踏切が設置あった。踏切の全幅に対応する昇降式の遮断装置に加え、歩道用の遮断竿が設置されていた。画面の手前は国鉄（現・JR東日本）川崎駅前であり、踏切を渡って大通りを進むと500mほどで第一京浜道路との交差点へ出る。◎京浜川崎（現・京急川崎）　1965（昭和40）年3月7日

京浜蒲田～八丁畷付近(昭和4年・昭和41年)

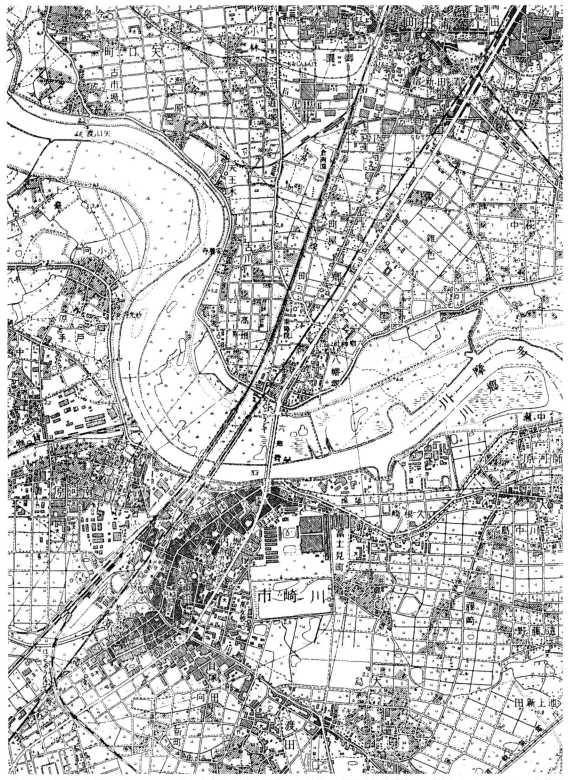

多摩川が大きく曲がって流れている東京府(都)と神奈川県の府県境を京浜電気鉄道(現・京急)が通っている。東京側には(京浜、現・京急)蒲田、出村、雑色、六郷土手駅が置かれているが、出村駅は太平洋戦争中に休止となり、1949(昭和24)年に廃止された。一方、東海道本線にはこの区間に駅はなく、線路沿いに現在は横浜に本社がある大倉陶園の工場が見える。1928(昭和3)年に誕生した荏原郡の六郷町は、1932(昭和7)年に蒲田区の一部となり、現在は大田区

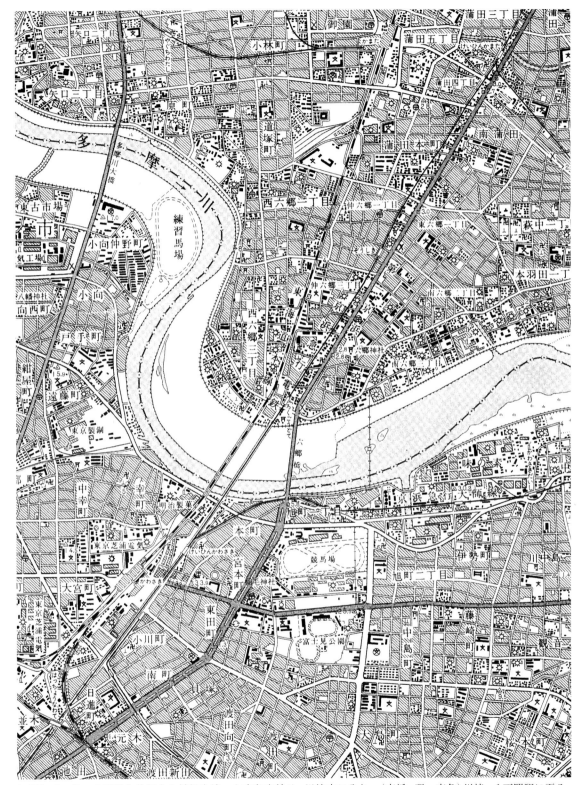

に属している。六郷橋と並行する橋梁を渡った京急本線は、川崎市に入り、（京浜、現・京急）川崎、八丁畷駅に至る。
右の地図に見える川崎競馬場のレースコースは、初代の競馬場が1906（明治39）年に誕生している。しかし、間もなく富
士瓦斯紡績の工場に変わった後、戦後に復活したものである。戦後、工場地帯として発展した２つの川崎駅付近には、
明治製菓、東京芝浦電気などの工場が見える。

『川崎市史』に登場する京浜急行

大師電気鉄道・京浜電気鉄道の開通

　明治23（1890）年4月から7月に上野公園で開かれた第3回内国勧業博覧会で、アメリカから輸入した電車の運転が行われると、これが全国的な反響を呼び、電気鉄道敷設の計画が各地であいついで起こった。同26年には、各地の電気鉄道を計画する人びとによって「電気鉄道期成同盟会」が結成され、電気鉄道敷設の推進運動が展開された（野田正穂ほか編『日本の鉄道―成立と展開―』）。

　このような私鉄鉄道あるいは電気鉄道の敷設をめぐる鉄道熱を背景にして、明治28年7月、横浜電車鉄道の発起人高瀬理三郎らが、横浜から川崎を経て大師河原に至る電気鉄道の敷設を出願した。次いで翌年3月には、いち早く電気鉄道事業に参画し指導的立場にあった立川勇次郎を発起人総代として、川崎町在住の田中亀之助ら13人が発起人となり、「川崎電気鉄道敷設特許請願書」が提出された。この請願書によれば、「神奈川県橘樹郡川崎町ヨリ同群大師河原村ニ至ル延長十七丁ノ間ニ電気鉄道ヲ敷設シテ旅客ヲ運搬シ、通行人ノ便益ヲ増進」し、「其乗車賃ヲ収得スル」ことが営業目的とされた。川崎電気鉄道株式会社の資本金は10万円（2000株）で、発起人が50株ずつ引き受けることとし、創立の仮事務所は、東京市京橋区南鍋町にあった立川勇次郎の自宅に置かれた（『市史』資料）。この結果、川崎―大師河原間を結ぶ電気鉄道敷設計画は、横浜電車鉄道と川崎電気鉄道の競願となった。

　当時の『毎日新聞』（明治29年9月4日）によれば、川崎電気鉄道が出願されたのち、神奈川県知事はその利害について地元町村へ認可の可否を諮問した。川崎町会では、「該鉄道ハ其の必要なきのみならず、若し許可ともならば町民ハ悉く職業を失ひ、町村自治の発達を妨ぐるに至るべし」と全会一致でいったん否決した。しかし、再度諮問を受けた同町会は、一転してこれを可決承認したため、川崎町民は激昂し、この後も鉄道敷設反対運動が続いたと報じている（『市史』資料）。川崎町では、とくに川崎大師への参詣客の足としておおいに繁盛していた人力車夫の組合「だるま組」らによる反対運動が起こったが、起点を官設鉄道の川崎停車場から分離し、東京や横浜方面からの参詣客には両鉄道へ乗換えの際、人力車による連絡を行うこととして、ようやく電鉄側と「だるま組」との妥協が成立したといわれる。

　監督官庁である内務省の特許下付の条件は、横浜電車鉄道と川崎電気鉄道の合同であったため、両者はその後協議を進め、明治30年6月24日に合同契約を結び、同月29日に合同で出願した。両鉄道の合同は、横浜電車鉄道発起人を川崎電気鉄道発起人に加え、同時に川崎電気鉄道株式会社は、社名を大師電気鉄道株式会社と改称するものであった。合同後の「起業目論見書」によると、資本金9万8000円、発起人27人（川崎町在住1人）であった。同年8月26日、内務省から大師電気鉄道株式会社の発起人に対して、神奈川県橘樹郡川崎町久根崎から同郡大師河原村字中瀬に至る間の電気鉄道敷設の特許状が下付された。翌年2月25日には大師電気鉄道株式会社の創立総会が開かれ、さらに農商務省に提出した「株式会社設立免許申請書」が3月17日に受理され、会社設立の免許を得て大師電気鉄道株式会社が誕生した（『市史』資料、『京浜急行八十年史』）。

　このような経緯で、大師電気鉄道（現京急大師線）が川崎（のちの六郷橋）―大師間（全長2キロメートル）に開通したのは、明治32年1月21日であった。これは京都電気鉄道（同28年開業）・名古屋電気鉄道（同31年開業）に続く日本で第3番目の電気鉄道で、また東日本では最初の電気鉄道であった。

　開業当日は川崎大師の縁日に当たり、前日の午後5時から沿道の住民に限って、無料で試乗が行われた。運賃は、川崎―大師間が並等5銭・上等10銭、また川崎―池端間と池端―大師間はそれぞれ並等3銭・上等5銭であった。東京と横浜からの旅客については人力車が必要とされたため、「だるま組」と協議のうえ、官設鉄道川崎停車場に切符売場を設け、同停車場から電車の乗場までを4銭として連絡切符が発売された。当時、東京でも見ることの少ない電車が軽快に走る姿は、沿線の人びとには珍しく、黒山の人だかりができたといわれている。また、この日の収入が300円余りあったことで社員一同は歓喜し、終業後祝杯をあげたことも伝えられている（『京浜電気鉄道沿革史』）。

　この鉄道の営業運転は午前9時から午後6時、日曜・大師大祭日（1月・3月・9月の21日）および毎月1・15・20・21日は午前8時から午後8時まで5分間隔で行われた。もっとも技術が未熟であったため、しばしば脱線することもあり、乗客獲得策として扇子を配布したという逸話も伝えられている。それでも開業当時の営業報告によれば、大師縁日の毎月21日には大混雑を極め、1日に250～260回余りの運転を行い、

事故による負傷者もなく順調な滑り出しであったといわれる。大師電気鉄道は、営業開始から5月までの約4か月間で1日平均1200人余り、約16万人の乗客を運んだ。なおこの路線は単線であったが、同32年8月に複線化が計画され、11月にその運転を開始した。

川崎ー大師間の営業に成功した大師電気鉄道は、さらに京浜間に路線を敷設するため、その準備に着手した。すでに川崎ー品川間については京浜間電気鉄道の敷設が申請されており、これと合同することを得策として、明治32（1899）年4月に、大師電気鉄道株式会社と京浜間電気鉄道創立発起人との合併による京浜電気鉄道株式会社が設立された（『市史』資料）。これによって、川崎以北および以南への新路線の敷設が次々に計画・着工され、その第1期線として着手されたのが六郷橋から官設鉄道大森停車場に至る路線であった。この路線は同33年8月に着工し、翌年2月に開業した。運賃は並等10銭・上等15銭であった。

また明治35年6月には、穴守稲荷への参詣客のため蒲田で分岐して稲荷橋に向かう羽田支線（穴守線）も開業し、さらに同年9月には、京浜電気鉄道にとって待望久しかった六郷橋から官設鉄道の川崎停車場に達する路線が開業した。この川崎への開通にともない、京浜電気鉄道の運転系統は大森ー大師、大森ー穴守、川崎ー大師となり、終点ではいずれもループ線による方向転換を行った。運賃は大森ー大師間が並等15銭・上等22銭、大森ー蒲田間は並等8銭（往復割引14銭）、また蒲田から穴守まで人力車連絡の賃金は片道15銭・往復27銭であった。旅客の流れは、大森発大師行き・大森発穴守行きが増加を示し、この区間では往復割引券（大森行き並等25銭、穴守行き並等28銭）が、また大森や川崎の発着で「途中昇降随意」の巡回割引券（当日限有効）が発売された。

さらに同年11月に京浜電気鉄道は、六郷橋ー品川橋間の新設軌道の敷設を路線変更として内務省に特許され、こののち、品川ー大森海岸間が明治37年4月に完成し、5月8日に全線新設軌道による営業運転を開始した。用地の買収には難渋し、大部分を単線とする関通であったが、これによって川崎ー品川間が全通した。この品川開通後の乗降客は、開通前に比べて月平均約5割増加したが、それは主に品川・大森地区での短距離客によるものであった。品川延長完成から1年後の同38年4月、川崎ー神奈川間の建設工事を起工し、同年12月に竣工、品川ー神奈川間の営業運転が始まった。当時の『横浜貿易新報』は、開業日の直通

電車について「東京横浜両市の見物乗客は双方の起点に集合し、車内は忽ちに充満して多くは革の下に釣り下がるほどの景気…終日、各車とも満員の大盛況を持続けた」と伝え、さらに「若し此長距離間には喫煙（煙）を許したらんには、旅客の便利此上なかるべく」と報じている（『市史』資料）。この神奈川延長にともなって、運転系統は主として品川ー神奈川間（京浜本線）と支線区系に整理された。神奈川開業後の乗車人員は月平均で約2倍強に増加し、京浜本線は六郷橋の架設替工事と、一部併用の軌道部分を残して、ほぼ計画通り完成した。大師電気鉄道創業以来、建設と改良を積み重ねてきた京浜電気鉄道の路線は、おおむねこの形態で大正末年まで運営された。

ところで、これらの路線網の拡張に当たって論議が集中したことの一つに多摩川渡河の問題があった。明治7（1874）年の鈴木左内らによる初代の六郷橋は同11年に流失し、同16年、川崎・六郷の有志の共同出資による2代目の六郷橋が架橋されていた。同社では、この橋を買収して鉄製併用橋に全面改築することを予定していたが、軌道の敷設には耐えられないことがわかり、その上流に単線木製橋を仮設することで許可された。六郷川鉄橋の着工は明治42年であり、開通はそれから2年後であった（『市史』資料）。

（中略）

京浜・湘南両電鉄の連携

大正末期、京浜電気鉄道の本線は品川ー神奈川間で運行しており、都心部には乗り入れをしていなかった。しかし、省線品川駅付近の一部を譲り受け、大正14年に高輪停留所を開業したことにより、東京市電品川線へ乗り入れができるようになった。（『京浜電気鉄道沿革史』）。

京浜電気鉄道は湘南地方の開発をはかるため、湘南電気鉄道の設立に参加した。湘南電気鉄道は、大正14年12月、野村龍太郎を代表取締役および取締役会長として、そのなかの役員には京浜電気鉄道の役員が就任したことからもわかるように、京浜電気鉄道の強い影響下にあった（『京浜急行八十年史』）。

湘南電気鉄道は、まず三崎本線の黄金町ー浦賀間と鎌倉支線の金沢八景ー逗子間を開通させ、昭和5年4月1日から営業を開始した。黄金町から先は京浜電気鉄道が乗合自動車で横浜ー黄金町を連絡していたが、利用者の増加と便のため湘南電気鉄道は路線

を延長し、日ノ出町で京浜電気鉄道と接続すること
になった。延長工事は昭和6年12月に竣功し、同月
26日に開業した。しかし、京浜電気鉄道の軌間が
1372ミリメートルであるのに対し、湘南電気鉄道
は1435ミリメートルであったため、京浜電気鉄道
の軌道を広げて、待望の品川と湘南方面との直通運
転を実現させた。その間、省線品川駅の乗り入れ開
通もあり、減少していた輸送人員は回復に転じた。
　京浜電気鉄道は、川崎市では大師線・八丁畷・京
浜川崎駅しか存在していなかったが、湘南電気鉄道
への乗り入れによって、東京・横浜・三浦半島を連
結する高速大量輸送機関として、川崎市にとって重
要不可欠な鉄道となった。

海岸電気軌道の創立

　省線とは別に、川崎鶴見臨海工業地帯の海岸沿
いに鉄道の敷設が計画され、大正9（1920）年11月、
海岸電気軌道会社が創立された。同社は京浜電気
鉄道の子会社であり、取締役社長に青木正太郎が
就任したのを初め、発起人や株主などは京浜電気鉄
道の役員で占められた（『京浜急行八十年史』）。
　軌道敷設工事は大師と総持寺の両終点から起工
し、総持寺－富士電機会社間、大師－桜橋間が竣工
した。その間、埋立地に日本石油や芝浦製作所鶴見
工場などの大工場が続々と進出してきたため、海岸
電気軌道の営業開始は沿線工場から待望され、大
正14年6月5日に総持寺－富士電機前間が、8月
15日に浅野セメント前－川崎大師間が、10月16日
に富士電機前－浅野セメント前間がそれぞれ開業
した。
　軌間は当時の京浜電気軌道と同じ1372ミリメー
トルであり、電気軌道方式は単線運転のため、1マ
イルごとに待避線を設けた。そして、「専属職員ハ
実際上コレヲ設置セズ、必要業務ハ京浜電気鉄道
株式会社在籍職員ヲ以テ執行スル」（『鉄道省文書』）
こととし、車輌もすべて京浜電気鉄道から譲り受け
た。このように、海岸電気軌道会社の管理運営など
の一切が京浜電気鉄道の手によって行われたため、
「海岸線」と呼ばれ、支線扱いされた（『京浜急行八十
年史』）。
　「海岸線」の経由地は、多くの工場が立ち並んでい
たために、各停留場には工場名を冠した名称がつけ
られた。
　大正14年12月、塩浜停留所の新設にともない、
出来野・池上新田の2停車場の位置が変更され、昭
和2年1月には下新田停留所も新設された。

　開通した海岸電気軌道は貨車も配し、川崎・鶴見
の臨港地区で短距離輸送を行ったが、営業主体は
臨港地帯の工場従業員の通勤輸送にあった。しか
し、会社設立から全通までの間に経済情勢は悪くな
り、営業成績は伸び悩み、欠損を生じた。そのうえ、
海岸線と並走する鶴見臨港鉄道が旅客営業を計画
したことにより、事態はいっそう厳しくなることが
予想された。負債の肩代わりをしていた親会社の京
浜電気鉄道は、独立採算による経営は困難である
と判断し、同社を鶴見臨港鉄道へ譲渡することに決
定した（『京浜急行八十年史』）。昭和5（1930）年3
月1日、海岸電気軌道は鶴見臨港鉄道に吸収合併さ
れ、全通から約4年半という短い営業を終えた。

八丁畷～京浜鶴見付近（昭和4年・昭和41年）

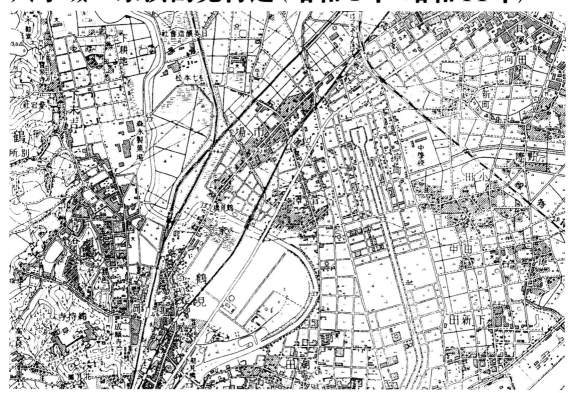

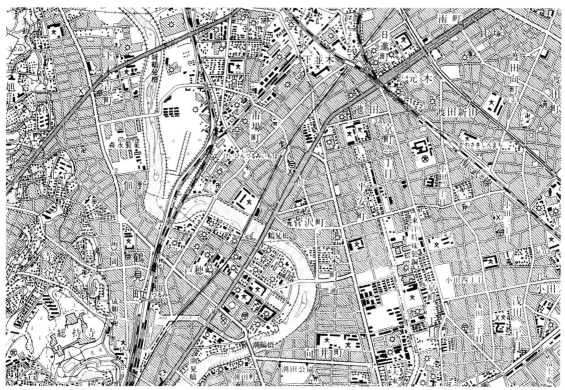

1927（昭和2）年に横浜市に編入された鶴見町。国鉄東海道本線の鶴見駅は1872（明治5）年に開業した古参駅である。
一方、京浜電気鉄道（現・京急）には、鶴見市場駅と京浜鶴見（現・京急鶴見）駅などが置かれていた。北側の八丁畷駅は
川崎市内に位置しており、現在はJR南武線との接続駅となっている。2つの鶴見駅の西側に広がるのは曹洞宗の寺院、
総持寺の境内。その南側にはかつて、花月園遊園地、競輪場があった。

花月園前～神奈川新町付近(昭和4年・昭和41年)

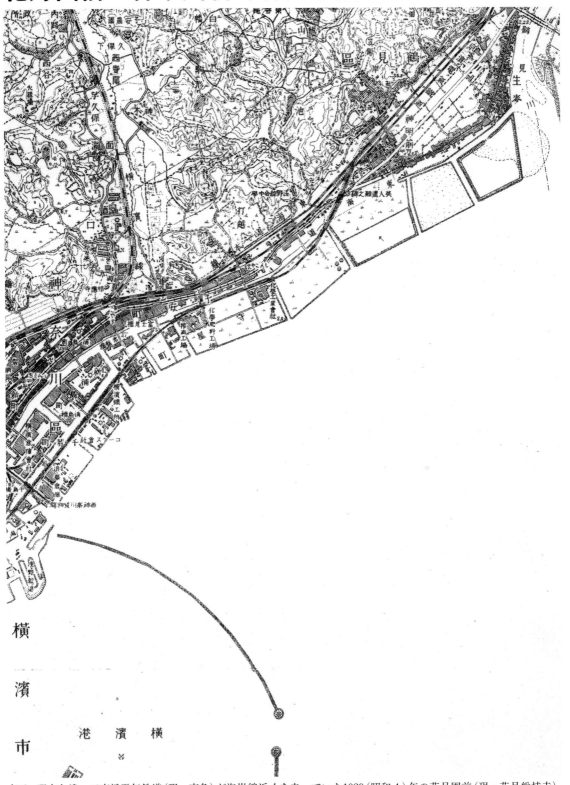

左は、現在と違って京浜電気鉄道(現・京急)が海岸線近くを走っていた1929(昭和4)年の花月園前(現・花月総持寺)、生麦、新子安、子安駅付近の地図で、「英人遭難之碑」の文字が見える。この幕末の生麦事件で有名な生麦村は、1889(明治22)年に生見尾(うみお)村の一部となり、1921(大正9)年に鶴見町に変わり、1927(昭和2)年に横浜市鶴見区に変わっている。現在のJR新子安駅は1943(昭和18)年に開業しているので、左の地図には見えない。このときに京急本線の

新子安駅は京浜新子安駅と改称し、1987（昭和62）年に京急新子安駅となっている。右の地図では沖合に埋立地が広がり、
日産自動車工場、日本鋼管工場、昭和電工横浜工場、日本ビクター工場などが誕生している。また、渋沢倉庫や京浜倉
庫などの倉庫もできている。横浜寄りにある新町駅は、1915（大正4）年に開業し、1927（昭和2）年に神奈川新町駅に改
称している。

高くそびえ立つ架線柱の林へと足を進める浦賀行きの電車。梅雨入り直後で蒸し暑さが日を追って気だるく感じられるようになったなか、後端部の窓は大きく開け放たれて、学生と思しき少年が少し体を乗り出して涼を取っていた。白い制帽が海辺の街へ向かう列車らしい、明るい雰囲気を醸し出していた。
◎神奈川新町　1961（昭和36）年6月15日

都営地下鉄1号線（現・浅草線）へ乗り入れる運用を想定して製造された初代1000形。鉄道各社で新性能車両が出揃い始めた1959（昭和34）年から、1978（昭和53）年まで19年間に亘って製造された。1968（昭和43）年までに製造された車両では車体製造社、電装施工社の違いにより、台車や各部の仕様が異なる。
◎新町検車区　1961（昭和36）年6月15日

正面に設置された1枚窓が特異な雰囲気を醸し出す無蓋電動貨車はデト21。京浜急行電鉄の前身母体の一つである湘南電気鉄道が、1930（昭和5）年に導入したデト101を前身とする。第二次世界大戦中の東京急行電鉄（大東急）合併時にデト5021となり、後の京浜急行電鉄が発足してデト21と改番された。デト20形は2両が在籍した。
◎新町検車区　1961（昭和36）年6月15日

新製間もない頃のホッパ車ホ50形。線路の道床として用いる砕石を搭載、散布する貨車である。京浜急行電鉄では保線作業の効率化を図るべく1960（昭和35）年より導入した。旧国鉄ホキ800形に準ずる仕様を備える。但し、同車両は電動貨車による牽引を想定したため制御線や元空気溜管等、独自の装備が加えられた。
◎新町検車区　1961（昭和36）年6月15日

デハ1052の台車。東急車両製造製のTS-310A型である。新製から間もない頃の様子で、明るい灰色で塗られた下回りは清潔感のある雰囲気を湛える。数多く設置されたコイルバネやブレーキ用シリンダーの設えは近代化初期の仕様を窺わせる。21世紀の初頭まで活躍した同車両は現在、千葉県いすみ市のポッポの丘に運転台周りのみが保存されている。
◎新町検車区　1961（昭和36）年6月15日

正面の2枚窓が新製と同時期に一世を風靡した国鉄湘南型電車を彷彿とさせながらも、大きめの窓が京急の電車らしさを表している。デハ500形は行楽列車として設定された「ハイキング特急」等に充当すべく1951（昭和26）年に登場。翌年に相方を務めた制御車クハ550形が製造された。京急としては初のセミクロスシートとなった。
◎新町検車区
1961（昭和36）年6月15日

横浜市の東部に位置する神奈川新町駅。停車する特急から車掌がホームに出て、安全を確認しようとしている。当駅は1965（昭和40）年2月21日から特急が停車するようになった。それと引き換えに僅か700mの隣駅子安では特急の停車が廃止された。
◎神奈川新町
1965（昭和40）年3月7日

横浜市郊外の高架区間を行くデハ284を先頭にした3両編成は品川行き。古風な書体が記載され、簡潔な表示の行先表示板は、高度経済成長期に入りつつあった当時にあってなお、第二次世界大戦前の遠い日へ想いを馳せさせる設えだ。電動車に挟まれた小振りなクハ151も、のどかな雰囲気を演出していた。
◎仲木戸（現・京急東神奈川）　1961（昭和36）年6月15日

下り線を2面のホームが挟む構造だった京急の横浜駅構内。1974（昭和49）年に島式ホーム1面2線の線路配線に改められた。西側の国鉄（現・JR東日本）の構内を根岸線磯子行きの通勤型電車が走る。昭和40年代から50年代の始めにかけて、103系と少数の101系電車が京浜東北線系列の列車で共用されていた。◎横浜　1968（昭和43）年7月

東京急行電鉄（大東急）時代に導入された300形。日本に戦時色が強くなっていった1942（昭和17）年にデハ5300形として10両が製造された。17m級の車体を持つ半鋼製車である。時節柄、電装部品の調達が遅れ、電動車として完成した1943（昭和18）年より運用を開始した。ゆったりとした窓周りは、元湘南電気鉄道の電車と見まごう容姿だ。
◎横浜　1964（昭和39）年5月10日

横浜の市街地を流れる大岡川の畔で開業した日ノ出町駅。構内の上り方は丘陵地で、線路は野毛山トンネルを潜って横浜方面へ延びている。トンネルポータル周りは石積みでかたちづくられ、昭和初期に竣工した施設らしい重厚感が漂っていた。ホームは開業以来の高架構造。横須賀方は高架橋が続いている。◎日ノ出町　1965（昭和40）年11月9日

横浜市内の本線上にある日ノ出町駅。共に京急の前身となった湘南電気鉄道と京浜電気鉄道が相互乗り入れを実施するのに伴い、京浜電気鉄道が横浜〜当駅間。湘南電気鉄道が当駅〜黄金町間を開業した際に両路線の接続駅としてに開業した。逗子線新逗子以北の急行が廃止されていた時期を除き、当駅には急行が停車する。
◎日ノ出町　1965（昭和40）年11月9日

降りしきる雨がホーム上に水鏡をつくり出した日ノ出町駅を特急「はまかぜ」が通過して行った。最後尾に連結されていたデハ1076は1961 (昭和36) 年製。新製時より行先、列車種別表示器を装備しない最後の製造ロットに属する。そのため、ヘッドマークと特急票を車外に掲出していた。◎日ノ出町　1965 (昭和40) 年11月9日

急曲線を描くホームに停車するデハ420形。更新化改造を受けた後の姿で、正面周りや側面二段上昇窓の上部はアルミサッシに換装されている様子だ。しかし、屋根部に埋め込まれた前照灯、正面周り下に取り付けられたアンチクライマー等は存置され、原型の特徴を留めていた。◎日ノ出町　1965 (昭和40) 年11月9日

横浜市金沢区北部に広がる丘陵地の東麓に設置された京浜富岡（現・京急富岡）駅の界隈は、期せずして降り積もった雪で表情を一変させた。線路の周囲に茂る木々がくまなく白色に染まった景色は、北国の山間部を髣髴とさせた。ゆっくりと目の前を通り過ぎる列車は若干遅れ気味だった。◎京浜富岡（現・京急富岡）〜杉田　1967（昭和42）年

仲木戸～南太田付近（昭和6年・昭和41年）

さまざまな国鉄、私鉄の鉄道路線が集まる横浜駅周辺の戦前、戦後の地図である。京浜電気鉄道（現・京急）には、仲木戸（現・京急東神奈川）、神奈川、横浜駅が置かれている。この当時、横浜駅から先の京急本線は、湘南電気鉄道が建設を進めている途中で、1929（昭和4）年に既に黄金町～浦賀間を開業させていた。左の地図では黄金町、南太田駅が見えている。この後、横浜～黄金町間は1931（昭和6）年に開通し、1941（昭和16）年には京浜電気鉄道と合併する。1929（昭

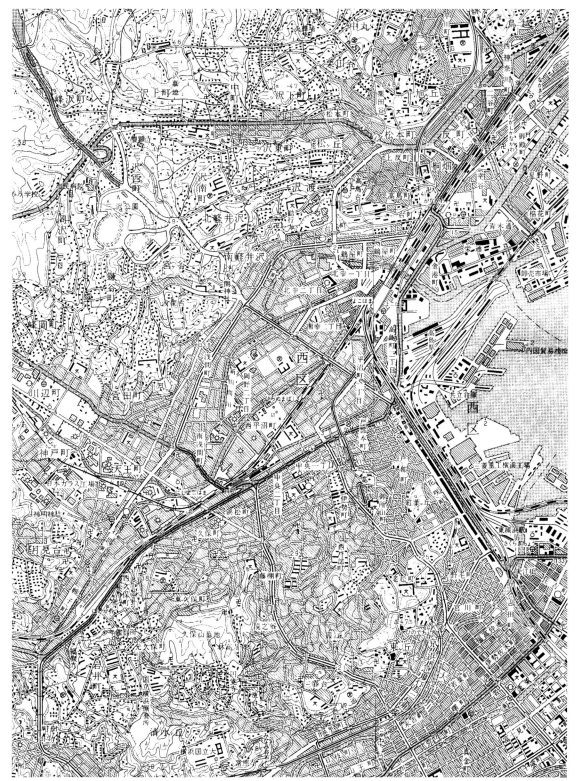

和 4 ）年に北程ヶ谷（現・星川）〜西横浜間を延伸させた神中鉄道（現・相模鉄道）はさらに1933（昭和 8 ）年、横浜駅への乗り入れを実現する。右の地図では、かつての東京〜横浜間の鉄道開通時の形態を残す終着駅だった、桜木町（初代横浜）駅の先に路線が延びている。1964（昭和39）年に根岸線の桜木町〜磯子間が開通し、1973（昭和48）年に大船駅まで全通する。

黄金町～上大岡付近（昭和6年・昭和41年）

湘南電気鉄道（現・京急）が走っている現・横浜市南区の井土ヶ谷、上大岡付近の地図である。このあたりには明治中期に久良岐郡の井土ヶ谷村、弘明寺村、上大岡村などが存在していたが、1889（明治22）年にこれらの村が合併して、大岡川村が誕生している。大岡川村の北部は1911（明治44）年、南部は1927（昭和2）年に横浜市に編入された。当初は中区に所属していたが、1943（昭和18）年には分区して、南区が成立している。京急本線の駅は井土ヶ谷、弘明寺、上大岡

という、古い村（集落）に合わせて置かれている。「大岡川」は横浜市内を流れる二級河川で、上流部は笹下川と呼ばれている。下流は横浜湾に注ぐが、かつての入江は大岡湾と呼ばれていた。駅名の由来となっている弘明寺は、横浜市内最古といわれる高野山真言宗の寺院で、本尊の木造十一面観音立像（弘明寺観音）は国の重要文化財に指定されている。現在は、横浜市営地下鉄にも弘明寺駅が存在する。

京浜富岡～金沢文庫付近(昭和4年・昭和41年)

現在は横浜市磯子区、金沢区になっている部分の2枚の地図で、金沢区は1948(昭和23)年に磯子区から分離されている。戦前には久良岐郡に金沢村(町)が存在した。1936(昭和11)年に横浜市に編入された金沢町は1925(大正14)年までは金沢村で、さらにさかのぼれば町屋村、富岡村などに分かれていた。この地域に鉄道が通るのは1930(昭和5)年で、湘南電気鉄道(現・京急)が浦賀駅までの路線を設けた。このとき、仮駅としての杉田駅、湘南富岡(現・京急富岡)駅を設置

し、金沢文庫駅を開業している。能見台駅は1944（昭和19）年に谷津坂駅として開業し、戦後に移転した後の1982（昭和57）年に能見台と改称した。この地域を代表する史跡、名所といえば、地図に見える称名寺と金沢文庫で、後者は京急の駅名にも採用されている。称名寺は、北条氏の一族である金沢氏の祖、北条実時が開基した寺院で、実時が設けた文庫が金沢文庫である。

『横浜市史』に登場する京浜急行

京浜電気鉄道の創設

　横浜市域内を通過する東海道線全通の影響ならびに横浜鉄道（大正6年から横浜線）の創設をめぐる問題に若干の考察を加えてきたが、それらは、一面では幹線鉄道が横浜市域の経済に、あるいは広く日本資本主義の確立・展開にいかなる役割を果たしたかを探ろうとしたものであったし、反面でまた明治39年の鉄道国有化を契機とする私設鉄道の買収＝国有化が、軍事上ないしは経済上に果す役割を究明しようと試みたものであったともいえる。

　これに対して、鉄道国有化を契機として、いわゆる「国有鉄道と私有鉄道の比重」が一挙に逆転したことを前提とした上で、都市交通の「近代化過程における第一段階＝電気鉄道の成立＝市内路面電気鉄道の形成期」に照応するともいえる問題を考察しようとするものである。

　現在の横浜を中心とした京浜急行・相模鉄道・東横線それに市（内路面）電（車）にわけて分類してみると、京浜急行（大師電鉄・京浜電鉄）市電（横浜電気鉄道）がすでに明治20年代からの由来をもっているのに対して、横浜鉄道・東横線（東京横浜電鉄）は、いずれも第一次大戦後の大正5、6年ごろから本格的な展開を示しているものといえよう。つまり明治20年代からの「游覧用か地方小都邑の電気鉄道」ないしは「大都市の市内交通のための電気鉄道」といった存在としての京浜電鉄ならびに横浜電鉄が重要なものとして浮び上って来ているのである。

　いうまでもなく、鉄道国有化が実行に移された後、「其規定簡便ニシテ業務上ノ設備亦軽易ナルヲ得ヘキニ由リ地方ノ交通機関タルニ通シ従テ営業費ヲ節スルノ利アリト」いわれた軽便鉄道法が明治43年4月公布され、さらに一方では、明治23年8月25日法律第71号をもって公布された軌道条例も、私設鉄道との競合あるいは監督官庁如何の議論を繰返しつつも、具体的には明治40年以降電気軌道を主要なものとして急速な普及をみるに至っているのである。

　まず日清戦争後という比較的初期に創設された京浜電気鉄道からみてみよう。明治26年来以降横浜・川崎（および川崎大師河原）・品川間の電気鉄道敷設出願が競合しておこなわれているが、横浜鉄道とおなじく度重なる出願は却下され、明治30年12月に政府は川崎・横浜間を除き特許するという内示を与えたため、川崎・品川間の敷設が再願され、川崎電鉄発起

人の立川勇次郎と横浜電車鉄道発起人の高瀬理三郎ら横浜貿易商を中心とした人々との合併・追加出願という形で、明治30年8月26日に大師電気鉄道株式会社（資本金9万8千円）が許可され、翌31年2月25日に創立された。こえて32年1月21日に運転を開始し、かくてここに本邦で（京都電鉄・名古屋電鉄につぐ）第3番目、関東における電鉄事業としては嚆矢といわれた、大師電鉄が名実ともに誕生したのである。

　さて、明治23年東京上野公園に開催された第3回内国勧業博覧会で、はじめて電車の運転が展示され、それが契機で各地に電気鉄道の敷設計画が企てられたといわれている。その当時アメリカから帰朝した電気工学の権威藤岡市助が大きな役割をそれに果たした訳であるが、さきの展覧会で展示された電車が次にのべる理由から後に、京浜電鉄で、改造・使用されているのである。すなわち、前掲の大師電鉄発起人のうち、川崎電鉄関係者の中には、立川勇次郎のほかに三吉正一の名がみえ、これら両人は技術顧問たる藤岡市助とならんで東京電気株式会社（白熱舎→東京白熱電燈球製造株式会社の後身、昭和13年東京芝浦製作所に合併）の主要役員であり、明治39年には、橘樹郡御幸村に東京電気川崎工場の建設がアメリカのG・E会社との提携で着手されていくのである。したがって、たんに遊覧用にとどまらず、大師鉄道はその創立の当初から、京浜工業地帯形成の前史と深く絡みあっていたものということができよう。

　かくて、明治32年1月21日、川崎大師の縁日を期して、華々しく開業した大師電鉄の営業成績は、1日260回余の運転、1日平均乗客は1,224人、乗車運賃は63円62銭9厘といわれ、小規模なりとはいえ、期末配当年1割1分2厘強の好成績を示したのである。

　これよりさき、大師電鉄では明治31年7月25日の臨時総会において、川崎町六郷橋→横浜市弁天橋および大師河原村→羽田稲荷対岸の2線路（延長）を決議・出願したが、諸般の事情もあって、京浜間電気鉄道創立発起人の中野武営らと32年4月5日に合併仮契約を結び、こえて同月14日には協同決議が実現されることとなった。

　この結果、4月25日に大師電鉄は、社名を京浜電気鉄道株式会社と変更し、翌33年3月10日の臨時株主総会では、役員改選をおこない、立川勇次郎・田中亀之助・若尾幾造・高木守三郎・山中隣之助・岩田作兵衛・守屋此助の7名が取締役に、渡辺福三郎・深瀬良助・岡本善七の3名が監査役に、雨宮敬次郎・中野武

営が相談役に就任した。

　京浜電鉄創立役、大正４年まで、３回の増資がおこなわれているが、明治38年からの運輸成績ならびに営業収支内容（とくに利益金の増加）の著しい充実には注目すべきであろう。そして、むしろ、42年以降の営業状況の伸展はそれほど著しくないが、これは東海道線特に京浜間直通電車開通のためなのである。特に、営業収入を旅客運輸のみに依拠している点は、まさに京浜電鉄の特徴をますものであるとともに、京浜工業地帯形成を背後にした旅客電車の出現を促進したものともいえよう。

　したがって、京浜電鉄が38年末に京浜間全通を実現したことにより、官線との競争を惹起して「（鉄道院）作業局は従来新橋横浜間に於ける列車を普通55分直行35分にて運転し来りしが京浜電気鉄道全通の上は、品川神奈川間29分30秒に対し新橋横浜間の汽車を27分に短縮せしむる計画を立て…速度試験のためボギー車６両を以て臨時列車を運転した」ともいわれ、汽車にくらべて京浜電車の利用度が高かった点も指摘されている。

　そして、これに対して鉄道院では明治40年11月に京浜間に労働列車を運転し、特定割引乗車券の発売という巻返し戦術にいで、ついには、大正３年12月20日から新橋・横浜間の直通電車の運転を開始し、同年12月30日には桜木町まで延長したため、京浜電鉄の直通客は、明治40年の150万人から漸減し、41年以降の営業収入も漸減に転じていったのである。

雪煙を上げながら1000形の速達列車が
通過して行った。掲出する列車種別票
は大粒の雪に遮られ、表記を読み取る
ことは出来なかった。電車の息遣いが
伝わるような迫力ある眺めだが、降り
しきる雪は周囲の物音を吸収し、電車
の走行音やジョイント音は伝わって来
ない。間もなく列車は雪煙に紛れて姿
を消した。
◎杉田～京浜富岡（現・京急富岡）
1967（昭和42）年

上大岡、野比地区等で分譲宅地が造成
されて沿線の近代化が進む中、地域に
おける拠点駅の一つである金沢文庫の
駅舎が建て替えられ、周辺の線路施設
等も再整備された。線路に並行して東
急車両製造（現・総合車両製作所）の広
大な敷地が続く区間で、線路の付け替
え工事が行われていた。線路際に掘り
起こされた大きな石が散見される。
◎金沢八景〜金沢文庫
1964（昭和39）年 1 月20日

新塗装をまとったクハ280形とデハ230形2両の3両編成。先頭の制御車は元電動車のデハ290形である。本車両は1964
（昭和39）年に車体各部の更新や前照灯のシールドビーム化等を施工。同時に電装設備が取り外されて制御車になった。
更新化の一環として車体塗装の変更が実施された。金沢文庫駅を結ぶ区間列車。
◎金沢文庫　1964（昭和39）年4月19日

上り列車として拠点駅に停車する600形。デハ601は1953（昭和28）年に導入された本形式の最初期車である。正面周り
は旧国鉄の80系湘南形電車に似た2枚窓で構成される。しかし妻面の形状等は製造年度により、後に登場した増備車と
は大きく異なる。昭和40年代以降、京急電車で標準的な意匠となる、赤地に白線を巻く車体塗装を新製時から採用した。
◎金沢文庫　1964（昭和39）年5月10日

制御車時代のクハ426。乗務員が車両の点検確認を行っていた。京急発足後、初の新造電車であったデハ420形は一部の
車両が1957（昭和32）年に更新化工事の際、電装を解除されて制御車クハ420形になった。しかし1966（昭和41）年に再度
電動車化され、形式はデハ420形となった。◎金沢文庫　1964（昭和39）年6月7日

特急の列車票を誇らしげに掲出したデハ780形。700形、730形はカルダン駆動方式を備える京急初の高性能車両として1956（昭和31）年に導入された。17m級の車体は全金属性の準膨殻（モノコック）構造である。屋上のモニタールーフ内ファンデリアを搭載する。冷房化は昭和40年代に入ってから施工された。
◎金沢文庫　1964（昭和39）年7月12日

デハ733は1957（昭和37）年の製造。前年に新製されたデハ731に次ぐ増備車だ。全金属性準張殻（モノコック）構造車体を採用し、先に登場したデハ500形よりも軽量化が図られた。同時期に製造されたデハ700形、デハ730形、デハ750形、デハ780形は1966（昭和41）年に実施された電車形式の再編に伴い、全てデハ600形にまとめられた。
◎金沢文庫　1964（昭和39）年10月30日

6両編成で運転する1000形。電動車
の正面上部には行先と列車種別を掲
出する窓が備わっている。それまで
の表示はホーロー製の標識類を、車
両の外側前面に掲出する手法が一般
的であり、車体との一体感がある表
示装置は乗客の目を惹いた。ホーム
には旧型車に用いる既存の特急票が
立て掛けられていた。
◎金沢文庫
1964（昭和39）年10月30日

全て電動車で組成された400形の4両編成。ウインドウシルヘッダーに打ち込まれた多くのリベットが、斜光を浴びる中で厳めしい表情をつくり出していた。同形式は10両が製造され、1965（昭和40）年にデハ480と改番。その後、更新化工事の際に1000形と同様の車体に乗せ換えられて付随車サハ480となった。
◎金沢文庫　1965（昭和40）年2月7日

金沢文庫、金沢八景の両駅に隣接する金沢検車区に姿を現した都営地下鉄5000形。都営地下鉄1号線（現・浅草線）と京急線の相互乗り入れが実施され、地下鉄用車両が京急の本線内にある車両基地まで回送される機会があった。4両編成は浅草線の泉岳寺～西馬込間が延伸開業する以前の姿である。◎金沢検車区　1968（昭和43）年9月29日

営業用車両に比べ、特異な形状をした電動貨物車デト22が車両基地の片隅に留置されていた。本車両は湘南電気鉄道が昭和初期に導入した元デト101形。2両製造されたうちの1両だ。床下に組まれたトラス棒は車体を補強するための装備である。正面窓1枚の運転台は部材を多くのリベットで結着して組み立てた鋼製だ。
◎金沢文庫　1965（昭和40）年2月7日

雪に蔽われた金沢八景駅構内。除雪作業の賜物か、または頻繁に行き交う電車が功を奏したのか、レール面は雪中から顔を出し輝いていた。空は鉛色の雲で覆われ、何時やむとも知れずしんしんと降る雪の中に1000方が姿を現した。慎重に制動を掛けつつ、静々とホームに入線する。◎金沢文庫　1967（昭和42）年

９月最後の日曜日。ホームは列車を待つ行楽客で埋め尽くされていた。前年に開園した水族館、油壺マリンパークへ向かう快速特急「マリンパーク号」がホームに滑り込む。花形仕業に就く電車は600形。冷房装置が鉄道車両に普及し始めた時代故、非冷房車の客室窓は残暑が続く中で開け放たれていた。
◎金沢八景　1968（昭和43）年９月29日

東京オリンピックが開催された年の始め。逗子線の複線復旧工事が施工された。それに伴い、本線区間となる金沢八景
～金沢文庫間の周辺でも工事が行われ、線路際には路盤を整備のために掘り起こされた土砂が高く積まれた。新旧塗装
の混色編成が、雑然とした風景の傍らをすり抜けて行った。◎金沢八景～金沢文庫　1964（昭和39）年1月20日

2枚の正面窓を持つ3扉車は600形。主に行楽列車へ充当された先発の500形に対して、本車両は通勤列車用として導入された。第二次世界大戦の終結から10年余りを経て世の景気が回復傾向を見せる中で、当時の京急は輸送事業発展の柱として、沿線観光と通勤輸送に注力していた。◎金沢文庫　1964（昭和39）年10月29日

本線を行くデハ239。湘南電気鉄道が開業に伴い新製導入した元デ1形で25両製造されたうちの1両である。京急時代に230形へ統合された他社電車の基本となった車両だ。晩年の車内はロングシートだったが、当初は固定式のクロスシートが並ぶセミクロスシートの仕様だった。◎金沢文庫〜金沢八景　1967（昭和42）年12月16日　撮影：日暮昭彦

第二次世界大戦の影響下、焦燥感に包まれて幕を開けた昭和20年代。しかし戦後、程なくして京急は、1949（昭和24）年から沿線の行楽地へ向けて週末限定の速達列車を運転した。昭和30年代に運転した「はまかぜ」には、時の新鋭車両である初代1000形が充当されていた。◎金沢文庫　1964（昭和39）年10月29日

後に各車両を貫通する長編成化が図られた1000形だが、登場時には電動車と制御車1両ずつで組成するものがあった。軽快な姿の編成がヘッドマークと列車票を掲出して特急「はまかぜ」の運用に就く。各部に丸みが強い意匠をあしらった昭和30年代の新鋭車両は、京急車両群の中に新たな仕様を確立した。◎金沢文庫　1964（昭和39）年10月29日

週末特急「はまかぜ」が多くの線路が並ぶ拠点駅、金沢文庫を発車して行った。1000形は本来、通勤列車用のロングシート車だが、昭和30年代の半ばに登場し、その後も増備が続いている新鋭車両は、高速運転での乗り心地を楽しむのに相応しい電車だった。逗子からやってきた品川行き電車が見える。◎金沢八景　1964（昭和39）年10月29日

急行運用に就く700形。従来車両では窓周りに露出していた補強材、ウインドウシル・ヘッダーを内側に納めた車体構造となった。また正面、側面周りと屋根部の接合部分は張り上げ屋根構造を採用し、車体全体が一体感のある近代的ないで立ちになった。客室扉もプレス構造を廃した平板な設えになっている。
◎金沢八景
1965（昭和40）年４月11日

正面２枚窓を備える1000形の初期型車両が雪景色の中を行く。行先表示板に記された目的地は逗子。温暖な海辺の街
という印象が強い地名は、真っ白な風景の中で何とも場違いに映った。逗子線は5.9㎞の短路線。金沢文庫〜逗子海岸（現、
逗子・葉山）間の所要時間は７分程である。◎金沢八景　1967（昭和42）年

金沢八景駅で構内の整備工事が行われていた頃。上下ホームを通る線路の間には置き換え用のコンクリート枕木が並べられていた。両側のホームには掘り起こされた土砂、瓦礫が積まれ、普段通りに供与されながらも工事現場のような様相を呈していた。駅の構外には、茅葺屋根の民家が工事の喧騒から取り残されたかのように建っていた。
◎金沢八景　1967（昭和42）年

拠点駅の構内外れに京急が運営する不動産会社の看板が建っていた。京急は昭和30年代の半ば頃より、横浜市の郊外部や逗子線等の延伸区間沿線で、まだ多く残っていた山野を切り開いて宅地開発を盛んに行い、分譲地として販売する不動産業に注力していた。線路の至近に残る切り崩された山は、造成事業の象徴にも見えた。
◎金沢八景　1968（昭和43）年5月

品川行の急行運用に就く1000形。デハ1097は1958（昭和33）年に800形として新製された。後に1000形に編入され、車両番号の下3桁に09＊番を割り振られた。列車種別、行先の表示器は車内に設置されているが、列車票を運転室下に掲出していた。尾灯は長方形型の近代的な意匠だ。
◎金沢八景　1968（昭和43）年5月

昭和40年代半ばの金沢八景駅ホーム。アスファルトで舗装されたホームに逆三角形の形状をした鋼製の上屋が被さる近代的な施設である。そんな中で木製の駅名票が残り、長い歴史を持つ拠点駅であることを主張していた。第二次世界戦後の鉄路を担った昭和20～30年代に登場した電車が並ぶ。◎金沢八景　1968（昭和43）年5月

浦賀行きの急行400形と逗子海岸行きの420形が並走している。いずれも第二次世界大戦後、程なくして製造された同系の車両だが外観は全く異なる。400形は更新工事を受ける際、当時増備されていた1000形に準じた車体を換装した。420形は原形を留めた容姿で1981（昭和56）年まで活躍した。◎金沢八景　1968（昭和43）年5月

車体の更新に伴い4扉化された500形。未だ高品質な材料の調達が難しかった昭和20年代に製造された500形は、1968（昭和43）年から翌年にかけて更新化工事が実施された。車体は台枠から離して解体。ロングシートを備える4扉の鋼製車体を新製した。鉄道を利用した通勤時の混雑が顕著になる時世下で、現状に対応した通勤型電車に生まれ変わった。
◎金沢八景　1968（昭和43）年3月31日

行先表示器に逗子と掲示した1000形。2両編成の軽快ないで立ちで逗子線の普通列車仕業に就く。デハ1070は1962（昭和37）年に製造された2両を1単位とする編成のうちの1両。運転席側に貫通扉を装備し、他編成との併結時にも乗客が編成全体を行き来できる仕様に変更された。◎金沢八景　1968（昭和43）年3月31日

押上行きの特急が入線して来た。先頭車のデハ1142は1964（昭和39）年製。同年から1966（昭和41）年にかけて製造されたグループより前面周りに行先、列車種別を掲出する窓が新たに設定された。また、貫通扉を備える連結面は折妻の仕様になり、それまでの同系車両に比べて近代的な表情になった。◎金沢八景　1969（昭和44）年 8 月10日

特急仕業に就く1000形。泉岳寺から都営地下鉄1号線（現・浅草線）を経由して京成押上線と接続する押上までの運用だ。京急と都営地下鉄の相互乗り入れを可能にした泉岳寺〜品川間の開業は1968（昭和43）年6月21日。延長1.2kmの同区間は本線の支線という扱いである。延伸区間の開業後も本線の起点は品川であり、泉岳寺は支線の終点という位置付けだ。
◎金沢八景　1969（昭和44）年8月10日

海辺で遊び疲れた行楽客を満載した品川行きの海水浴特急。1958（昭和33）年にそれまでの「週末特急」を改称した速達列車だ。今日は増備が続く1000形の初期型が充当されていた。2枚窓の正面周りは、昭和20年代から30年代の初頭にかけて登場した、新生京急電車を象徴する顔であった。◎金沢八景　1969（昭和44）年8月10日

18m級の車体を持つ300形、400形と同系の電車とされながら17m級車の420形。デハ431は京急発足から間もない1950（昭和25）年に川崎車輌（現・川崎車両）で製造された。1965（昭和40）年にはデハ400と形式を既存の車両と統合された。しかし現場等では引き続き420形と呼ばれていた。◎金沢八景　1969（昭和44）年8月10日

1000形で運転する「海水浴特急」は京浜久里浜（現・京急久里浜）行き。当初、逗子海岸行きが設定された行楽特急は、1962（昭和37）年より京浜久里浜（現・京急久里浜）発着の便が設定された。久里浜線の終端部には三浦海岸海水浴場の最寄り駅である三浦海岸がある。鳥の翼を彷彿とさせる意匠のヘッドマークには品川―三浦海岸と記載されていた。
◎金沢八景　1969（昭和44）年8月10日

金沢文庫〜金沢八景間には東急車輌製造横浜製作所（現・総合車両製作所横浜事業所）がある。当工場で製造された車両は甲種回送等で発注元へ送られる場合、逗子線を経由してJR横須賀線の逗子駅へ搬出される。そのため、東急車両製造場内〜神宮寺間は、片側の線路が1067mm軌間に対応するレールを追加した３線軌条になっている。
◎金沢八景　1968（昭和43）年５月

制動装置の電磁自動ブレーキ化、等の改造を施工された後のデハ461。元600形のデハ613である。1957（昭和32）年度、1958（昭和33）年度製のデハ600は1965（昭和40）年に実施された改番でデハ400形となった。改番後の車両番号はデハ461〜470で、この車輌群を460グループと称した。◎金沢八景　1969（昭和44）年８月10日

上りホームに海水浴特急がやって来た。個性的な形状のヘッドマークを掲出するのは1000形の初期型。正面周りの屋根部分は大きな曲面でかたちづくられている。その中央部付近には車体に埋め込み式の前照灯が収まり、一体感の強い意匠になっている。デハ1032は、運転席の下部にいくつものジャンパ栓が取り付けられ、車体上部と異なる勇ましい雰囲気をまとっていた。
◎金沢八景　1969(昭和44)年8月10日

夏休み期間中は三浦半島等の沿線に海水浴場が点在する京急にとってかき入れ時となる。品川から久里浜線、逗子線に向けて「海水浴特急」が運転された。華やかな運用には新製増備が続いていた1000形の他、400形等の非冷房、ロングシート車を含む多様な形式の電車が充当された。
◎金沢八景　1969(昭和44)年8月10日

三浦半島の沿岸は東京から手軽に出かけることができる釣り場の一つだ。昭和40年代に入って久里浜線が三浦海岸まで延伸されると、品川初の釣り客専用特急「銀鱗」が運転された。列車は午前6時台に2本を設定。三浦海岸駅からは船宿が用意したバスが釣り場近くまで乗客を運んだ。
◎金沢八景　1971（昭和46）年6月18日

行先表示器に逗子と掲出した急行列車。当時の逗子とは逗子線の逗子海岸駅を指す。1985（昭和60）年に駅周辺の動線が見直されて京浜逗子駅と逗子海岸駅が廃止。両駅の中間付近に新逗子（現、逗子・葉山）駅が新規開業した。新駅は単式ホーム1面1線の構内配線で、改札口は2つの旧駅寄りに2か所設置された。
◎金沢八景　1971（昭和46）年6月18日

電動車デハ230 2両と制御車クハ350の3両で編成された普通列車。クハ350は1945（昭和20）年4月の米軍による空襲で被災した電動車を、制御車として復旧した車両。京急成立前の東京急行電鉄（大東急）時代にはクハ5350形を名乗った。第二次世界大戦後は新設された進駐軍専用列車に充当された。◎追浜　1962（昭和37）年11月25日

神奈川県横須賀市で山塊が海岸部へ迫る谷間に設置された汐入駅。構内の両側にはトンネルが口を開けている。横須賀中央方のトンネル手前には踏切があり、道路は海岸部で以内を横切る国道16号線に続いている。踏切の幅には不釣り合いに見える、やや大柄なトレーラートラックが停車していた。◎汐入　1962（昭和37）年9月23日

周囲をうっそうとした木々で蔽わたトンネルから、品川行の電車が飛び出して来た。現在、同じ場所にはマンションが建ち並ぶ。先頭車のデハ400は1949（昭和24）年の製造。新製時には形式名をデハ420としていた。京急の発足後、初めて運輸省（現・国土交通省等）規格型車体を採用した車両だった。
◎汐入　1962（昭和37）年9月23日

汐入駅の逸見方トンネル。鉄道が貫通する丘の上にはいくつもの小路が延び、ささやかな住宅街になっている。線路沿いに道には、階段状になった上方へ続く坂道が見える。トンネルから姿を表したのは大きな窓が美しいデハ230形。線路際には4色の信号機が、上下線に向けてそれぞれ建っていた。◎汐入　1962（昭和37）年9月23日

昭和40年代に登場した2代目700形。車体長は制御車が18mで中間車が17m。首都圏でより激しくなっていた通勤時間帯の混雑に対応すべく、東急初の片側側面に4か所の乗降扉を備える仕様になった。正面は1000形等に似た丸みを帯びた形状で、車体に埋め込まれた前照灯が個性的な設えとなった。◎堀ノ内　1976（昭和51）年7月17日

家並みを見下ろす山間の高台をデハ230を先頭にした品川行きの電車が行く。同車両は湘南電気鉄道の創世期に投入された車両である。屋根部分は電動車とはいえ、集電装置と渡り板が並ぶばかりの簡潔な設えであった。乗客が立ち入ることが出来た正面周りからは、子どもが顔を出して前面展望を楽しんでいた。
◎汐入　1962（昭和37）年9月23日

湘南電気鉄道発足時に横須賀軍港駅として開業した汐入駅。1940（昭和15）年に横須賀汐留駅と改称した。1961（昭和36）年9月1日。駅が所在する地域が改称され、同時に町名と同じ「汐入」と改称した。横須賀市街地の西側に当たる地域で、駅の周辺は民家等が建て込んでいる様子。駅ホームから続く高架橋の至近にも建物が見える。
◎汐入　1962（昭和37）年9月23日

ホームから東京湾の海原を望む馬堀海岸駅。大正時代より周辺地域の鉄道免許を取得していた湘南電気鉄道が黄金町
〜浦賀間の路線を開業した際、1930（昭和5）年4月1日に開業した。駅前から海岸公園がある海辺までは500mほどの
距離である。当時は構内の大津方に駅舎があった。◎馬堀海岸　1965（昭和40）年10月18日

本線の支線、品川〜泉岳寺間が開業し、京成電鉄の京成成田駅と直通運転する特急が設定された。列車には京急と京成双方の車両が充当された。列車名「パシフィック」は京急が品川で運営していたホテルに因んだものであった。当駅は1973（昭和48）年に全面改築され、島式1面2線に変更された。◎浦賀　1972（昭和47）年7月9日

本線の終点浦賀駅に普通列車が停車していた。品川行きは本線を走破する列車だ。緩い曲線を描くホーム上ののりば番号表示板には本線の主要駅に加えて、都営地下鉄浅草線の終点駅である押上の記載があった。かつて地上にあった駅舎は、1957（昭和32）年にホームが設置されている盛り土上へ移された。◎浦賀　1975（昭和50）年8月20日

逸見～新大津駅(昭和21年・昭和41年)

三浦半島の東岸を南下する国鉄の横須賀線、京浜電気鉄道 (現・京急) の本線と久里浜線。前者の終点は久里浜駅であり、1944 (昭和19) 年に開業している。一方、京急本線の終着駅である浦賀駅は1930 (昭和5) 年、久里浜線の京浜久里浜 (現・京急久里浜) 駅は1942 (昭和17) 年に開業している。左の地図では京浜久里浜駅は終着駅だったが、1963 (昭和38) 年以降に延伸して、現在は三崎口駅が終着駅となっている。なお、京急の駅は当初、久里浜駅だったが、国鉄駅の誕生により、

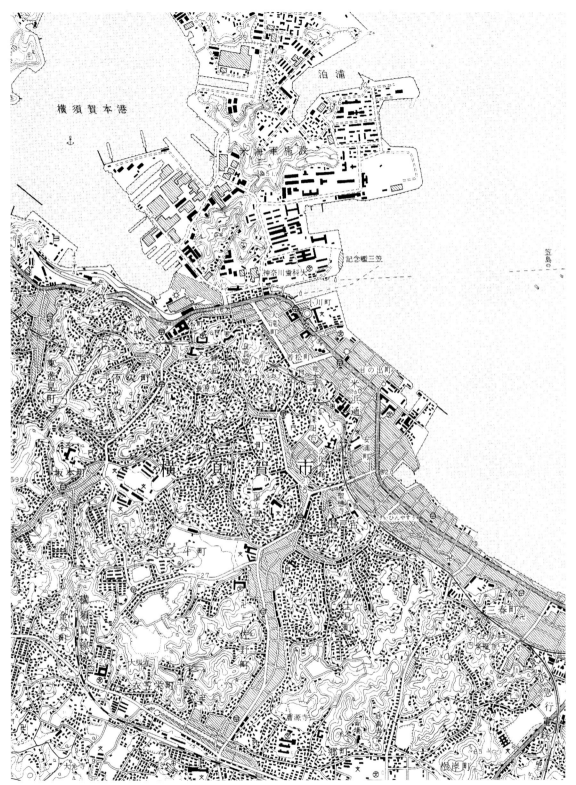

京浜久里浜駅に改称した。久里浜は幕末のペリー上陸の地として知られ、地図上には記念碑の存在が示されている。現在も陸上自衛隊久里浜駐屯地が存在し、右の地図では米軍施設がったこともわかる。また、久里浜港では千葉の金谷港に渡る東京湾フェリーも発着している。一方、浦賀には江戸幕府が奉行所を置き、ペリーとの交渉を行ったため、ペリーの「浦賀来航」といわれている。

北久里浜～野比、浦賀駅(昭和21年・昭和41年)

逗子方面から東進してきた国鉄の横須賀線と、金沢八景方面から南下してきた京浜電気鉄道(現・京急)は、横須賀駅の
手前で交差し、しばらくは並行して進んでゆく。その後、内陸側に転じた横須賀線に対して、京急線は海側を走ってゆく。
京急の路線は横須賀堀内(現・堀ノ内)駅で分岐して、浦賀方面に向かう本線と三崎口方面に向かう久里浜線となる。
左の地図では表記のなかった泊町あたりは、右の地図では米海軍施設に変わっている。これは現在も維持されているア

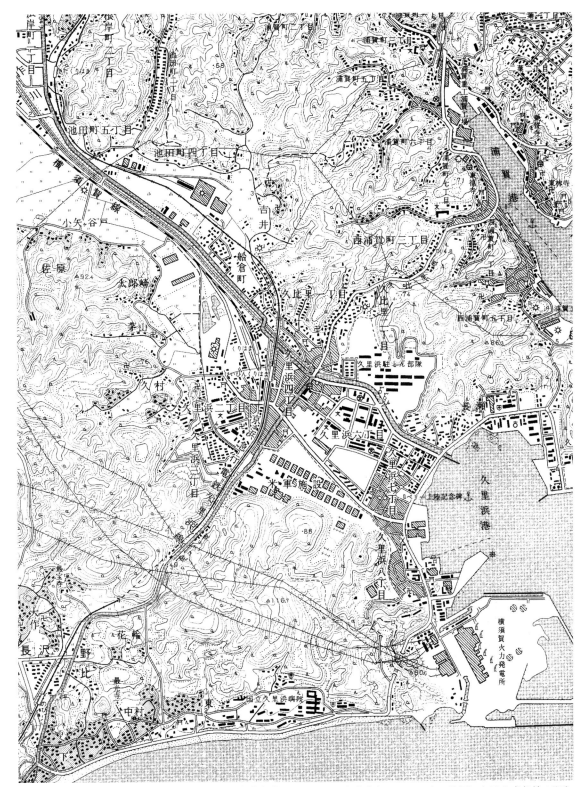

メリカ海軍の横須賀基地で、その南側に神奈川歯科大学のキャンパスが存在している。右の地図における京急線の駅としては、汐入、横須賀中央、京浜安浦（現・県立大学）、堀ノ内駅が見えている。このうち、京浜安浦駅は1930（昭和5）年に横須賀公郷駅として開業し、1963（昭和38）年に京浜安浦駅と改称している。その後、京急安浦駅をへて、2004（平成16）年に県立大学駅に変わった。

『横須賀市史』に登場する京浜急行

民間の鉄道構想

明治後半から大正初年にかけて、三浦半島での私設鉄道の敷設を繰り返し試みたのは相海鉄道という会社であった。日本郵船株式会社社長の森岡昌純や貿易商の高田慎蔵などが発起人で、鉄道技術者佐分利一嗣が計画を主導するこの会社は、日清戦争終結直後の明治28（1895）年11月に国鉄東海道線横浜駅から杉田（現、横浜市磯子区）ー金沢（現、同金沢区）ー横須賀ー浦賀ー久里浜ー長井ー佐島ー葉山（現、葉山町）ー横須賀逗子駅と、三浦半島を一周する路線で最初の免許申請を行った。

半島一周は、この後も繰り返し登場する、地元の支持が強い構想である。しかし40年9月に本免許を得ながら、着工せずに失効させ、41年9月に、改めて発起人を減らし、同じ計画で再申請する。そして44年8月に会社は営業上の都合から、線路を横浜ー横須賀間と横須賀から逗子を経て三崎に至る支線だけに限りたいと申請した。これに対して、神奈川県は半島循環路線の実現を重視して浦賀ー北下浦間の敷設を許可条件とするよう希望した。結局国は、軽便鉄道への変更とあわせて会社の希望する路線への変更を認めたが、それでも会社は新路線の測量に着手せず、期限の延期を求めた。そこで事業に対する誠意がないものと判断され、大正3（1914）年10月、免許は失効した。

相海鉄道の路線変更の背景には、ほかの鉄道計画との競合があった。新たに設定された金沢から逗子に直行する路線では横浜電気鉄道が軌道の認可を得ており、日露戦争後には横須賀方面では地元の有力者を中心とした電気鉄道計画も進んだ。金沢ー横須賀間では明治44年に相海鉄道との調整の動きがあり、横須賀ー浦賀は横須賀市参事会で建設推進が決議された。

横須賀ー浦賀間では、明治45年5月に浦賀船渠株式会社社長に就任して日の浅い町田豊千代と浦賀の人々を中心とした浦賀鉄道株式会社の設立が申請されると、9月には横浜電気株式会社が自社の発電施設を利用し、また軽便鉄道補助法の適用を受ける軽便電気鉄道の敷設を申請した。これを取り次いだ県は、浦賀ー横須賀間だけでは営業が成り立たない可能性があるから、相海鉄道に他の路線とあわせて敷設させるべきであるとし、もし今回申請の二者の中で決めるのであれば、資金力のある横浜電気に認可すべきと上申した。

浦賀町会は大正元年11月に浦賀鉄道、横浜電気のいずれでも構わないので早期に敷設を許可するよう鉄道院に求め、2年6月には浦賀町がこれに横浜電気鉄道を加えた3社のうち、確実・迅速な敷設が可能な会社に早期に許可することを求めている。鉄道院は県の意見を参考に横浜電気への許可を考えたが、3年1月の時点で横浜電気にはすぐに着手する意向がなかったため、3月横浜電気の申請を却下し、浦賀鉄道に認可を与えた。しかし、不況と第一次世界大戦の勃発とにより、浦賀鉄道も工事着手を延期した。浦賀鉄道は再度の延期を経て5年9月にも未だ十分な株主が集まらないとして6年7月末までの工事施行期限延長を申請する一方、浦賀町が求めていた国による鉄道敷設が実現するならその方が望ましいとの姿勢を示した。

これに対して、鉄道院は官設の目処がたたないところから延長を認めた。しかし、この期限内にも工事に着手することはできず、免許は失効し、翌7年に安田善三郎や山下亀三郎などを加えて浦賀軽便鉄道会社として改めて申請された。1年近くこの申請を留め置いた県は、湘南電気鉄道の計画を優先するよう副申し、結局12年に鉄道省が湘南電気鉄道に免許を与えるため、浦賀軽便鉄道会社の申請を却下した。

湘南電鉄の開業

湘南電気鉄道は鉄道院副総裁や南満州鉄道株式会社総裁を歴任した工学博士野村竜太郎を中心に設立され、大正6（1917）年9月に免許を申請した。申請を受けて神奈川県は、すでに一部で工事を始めていた横浜電気鉄道との調整を求め、湘南電気鉄道はこれに応じて県の支持を得た。9年には三浦郡内の人々を中心に、軌道を走るガソリン・カーによる相海自動車鉄道が出願されたが、県の意向もあって湘南電気鉄道が半島一周線の建設を優先することを条件に出願を取り下げた。

半島一周線の建設については三崎港との連絡を含めて帝国議会でも建議案が可決された。県は横浜ー横須賀間の整備と合わせ、軌道をなるべく国道上に敷設することを希望していた。しかし、湘南電気鉄道への認可がなかなか降りず、地元の人々を中心に12年、湘南臨海電気鉄道が横浜から横須賀を通って三崎（現、三浦市）に至る線と六浦荘（現、横浜市金沢区）から分離して逗子（現、逗子市）から西海岸を通り初声（現、三浦市）で本線に戻る支線という同一路線で

出願された。これには地元郡市町村長による願意を採用されたいとの副申が添えられたが、県は三浦半島循環線が実現すればよいので、湘南電気鉄道の企画と合併ができなければ湘南電気鉄道に早く許可を下ろすよう副申した。

このような競願者との調整を経てようやく12年8月に湘南電気鉄道に免許が下りたところで、関東大震災に際会したため、実現はさらに遅れる。14年2月に安田保全社代表結城豊太郎・服部金太郎・大川平三郎・山本条太郎、そして横浜財界や同じく安田財閥が出資していた京浜電気鉄道の関係者が加わって、同年12月資本金1200万円の株式会社の設立総会を開いた。代表取締役兼取締役会長が野村竜太郎、代表取締役は京浜電気鉄道の半田貢であった。

当初の目論見書にあった国有鉄道と同様の3フィート6インチから将来の京浜電気鉄道との直通運転を目的とする4フィート8インチ半（標準軌）への軌間の変更は15年の4月に申請され、9月に認可された。しかし、直通運転による旅客の利便を優先するのか、国有鉄道との相互乗入による貨物輸送、さらには軍事上の便宜を優先するのか鉄道省内部でも意見が対立した。列車砲の運用まで想定した技術課は標準軌化に反対し、課内でも車両担当は賛成したが、このほか土木担当は反対、電気担当は賛成であった。

着工は六浦荘から逗子と横須賀に向かう線区を優先することが8月6日に申請され、市域での線路建設は昭和2（1927）年2月24日に施工が認可された六浦荘－逸見間が最初である。同年9月19日には逸見－大津間の施工が認可された。11月4日に大津－浦賀間も認可されたが、この2区間は要塞地帯なので陸軍省から灯火管制を可能にするなどの条件が付けられ、12月21日には田浦－船越間のトンネル建設現場で崩落事故が起きて死傷者を生じた。大津－浦賀間は4年2月25日の工事着手で、貨物整備に関しては竣工期限延長願を繰り返し、結局設けなかった。

5年4月1日に全線開通して営業を開始し、新造車両25両が投入された（『京浜急行八十年史』）。国鉄の省線電車で横浜駅－横須賀駅間が54銭で39分であったのに対し、湘南電鉄は50銭で30分、朝夕のラッシュアワーは6分間隔、そのほかも12分間隔と、経済性と利便性ともに優れ、「モダン」な電車として受け止められた。とくに、鉄道敷設が念願であった浦賀町では喜ばれ、開業当日に浦賀小学校で町民有志による祝賀会が開かれた。従来は横須賀まで乗合自動車

で30銭、30分かかっていたのが、15銭で10分足らずとなり、横浜方面へも直行できたので、利便性の向上は大きかった。電力は金沢八景駅裏の瀬戸変電所から供給された（『京浜急行八十年史』）。

（中略）

湘南電鉄から京浜電鉄へ

湘南電気鉄道は開業当初から海軍工廠に通う職工の利用が多く、定期券利用者だけで1000人に達していた。彼らの不満は手頃な1ケ月定期の割引率が2割程度にとどまることだった。また田浦町では各駅間10銭であった湘南田浦駅（現・京急田浦駅）・追浜駅・金沢八景駅間を各5銭にするよう6年に運動したが、湘南電鉄は受け入れなかった。国鉄と競走力を持ち、好評のうちに開業した湘南電鉄であったが、その経営は苦しく、欠損を重ねていたので料金引下は難しかったであろう。

8年3月には100万円を減資し、4月から京浜電気鉄道と相互乗入で品川駅－浦賀駅間直通運転を開始すると、経済状況の回復もあって、やや業績が持ち直した。8年5月末現在22万株を2080人の株主が保有しており、1％以上の株を持つのは、最大が安田財閥の保有株を引き継いだ京浜電気鉄道株式会社取締役社長生野団六の6万4865株で、ついで東京横浜電鉄株式会社専務取締役五島慶太の1万8615株、合名会社大倉組頭取大倉喜七郎9000株、千代田生命保険相互会社取締役社長門野幾之進2500株と、同業者・関係業者・機関投資家あわせて4社にとどまり、かつて三浦半島での鉄道計画の発起人に名を連ねた人々を含む多くの零細株主が過半の株を保有していた。

9年には横須賀商工会議所から要望が出された軍需部前駅（現、安針塚駅）を開業し、10年2月には野村竜太郎が取締役会長を退き、望月軍四郎が就任し、幹部職員は京浜電鉄から兼任した。この年には行楽客誘致のため東京湾汽船の浦賀－大島（現、東京都大島町）－下田（現、静岡県下田市）航路と湘南・京浜電鉄の連帯運輸を開始し、「大島日帰り遊覧」をうたい文句に品川駅－浦賀駅間73分の急行「大島」号を、ガイド嬢を乗せて運行した。11年には湘南乗合自動車株式会社を合併して自動車業の収入が鉄道業の収入を上回るようになり、業績が顕著に安定した。12年2月からは従来の区間制運賃を対キロ制に改め、横須賀軍港（現、汐入）駅から横浜の日ノ出町駅まで50銭を46銭とし、また10銭であった横須賀中央駅－逸見

駅間は5銭、軍需部前駅までは6銭に引き下げることとした。

14年4月には、五島慶太が専務取締役に就任した。五島の主導の下、大正12（1923）年に免許を受けており、また海軍の希望もあった浦賀から久里浜に至る路線の敷設を検討し、浦賀からではなく、堀ノ内から分岐する路線を313万4000円で建設する方針を固めた。そして、横須賀鎮守府と横須賀市の要望により、沿線2ヵ所に合わせて50万坪の住宅地を経営することにして、「軍用船とも謂ふべきもの」であるからと鎮守府に住宅用地も含めた用地買収や資材調達などへの協力を求めた。横須賀市助役と浦賀町長を含む用地買収協力委員会が作られ、委員会は横須賀軍港都市期成同盟会の設立を決めた。

その後、五島は住宅地とともに工業用地も開発するとした。しかし、大津小学校で行われた説明会では会社側、とくに五島慶太自身による説明が高圧的であるとして住民の不満を買い、買収が進展しなかった。市の助役が鉄道会社のために買収に奔走することにも批判があり、双方の希望価格の差は大きかった。15年8月には住宅地開発が急務であるからとして市が直接進める方針を決めた。

15年8月に竣工したデ26形車両は、沿線の発展による乗客増加と軍需関係工場への通勤者増大への対応として、完全なロングシート車とされ、これと前後して、セミクロスシートであった在来車もロングシートに改造され、乗り心地より収容力が重視される時代となった（『京浜急行八十年史』）。

五島慶太の主導の下、16年11月に京浜電気鉄道・湘南電気鉄道・湘南半島自動車の合併により資本金5000万円の京浜電鉄株式会社が設立された。

（中略）

戦時下の交通

戦時下の鉄道交通における課題として、新たに海軍施設が発展した地域への連絡があった。鉄道省は海軍の要請を受けて国鉄（現、JR）横須賀駅から久里浜に至る路線を昭和15（1940）年夏に測量し、横須賀駅を出てすぐに2089メートルのトンネルに入り、丘陵と京浜電気鉄道線路の下をくぐって衣笠を経由する路線を16年8月に起工、19年4月1日に開通させた。20年4月には池上の海軍工員宿舎に寄宿する工廠従業員の利便のため、相模金谷駅も開設されたが、この駅は、終戦とともに役割を終えて廃止された。

京浜電鉄は、17年5月に東京横浜電鉄・小田急電鉄と合併して東京急行電鉄となった。東京急行電鉄

の久里浜線は16年3月に起工され17年12月に開通した。日本が占領したアリューシャン列島キスカ島（アメリカ）の日本名である鳴神、シンガポールの昭南が駅名にされた。現在の新大津と北久里浜であり、23年2月に改称された。このうち鳴神駅は地元の運動によって作られたと伝えられている。当初複線の計画であったが、レールが単線分しか配給されなかったことから単線とし、渋谷（現、東京都渋谷区）に予定していた玉電ビルの建築用資材の一部を用いたが、当面は橋梁材料が入手できず、久里浜は平作川北側の仮駅で開業し、18年9月に約500メートル延長された。久里浜線の開通と浦賀方面の電圧降下対策として、公郷町の変電所が作られた（『京浜急行八十年史』）。

このほか18年6月には海軍が16年に海兵団が設置されていた武山への路線延長を求めたことに対応して、国鉄の衣笠駅から鉄道を敷設する工事を始めたが、未了のまま終戦を迎え、計画は中止された。

東京急行電鉄の成立は陸上交通事業調整法の趣旨を体した自主的統合によるもので、五島慶太が主導した。統合により内部で車両や材料を融通したが、旧京浜電鉄は比較的設備がよく、主に提供する側であった。17年以降は18メートル級3扉ロングシートのデハ5300形が就役しはじめたが、新造は計画通りには進まなかった。

東京急行電鉄の輸送量は18年がピークでその後は減少した。しかし、資材と労力の不足による運転本数の減少の方が著しかったため、混雑は年々激しさを増していった。荷物の輸送の停滞を緩和するため湘南電鉄でも荷物輸送を行ってもらいたいとの要請は横須賀商工会議所や浦賀町によって太平洋戦争開戦前から行われていたが、19年8月に東京急行電鉄が旧京浜電鉄の路線を引き継ぐ湘南線で軍関係貨物と生鮮食料品の運送のため貨物営業の許可を申請して12月に認められ、この前後に運輸通信省から10トン積み無蓋貨車10両を譲り受けて軌間を変更し、連結器を電動客車での牽引が可能なように改造した（『京浜急行八十年史』）。

17年10月の閣議決定に基づく戦時陸運非常体制により、旅客輸送が制限されることになり、国鉄横須賀駅では同年11月から一部の列車には事前に指定乗車券を入手した者しか乗車できないという形での乗客制限を開始した。18年末には、年末年始の不要不急の旅行を防ぐために国鉄が乗車券発売の枚数制限などを行ったため連日午前3時から駅に切符購入希望者が殺到し、ついには午前1時から長蛇の列ができ、その3分の1は希望を果たせない状況となった。一方

で、海軍関係の面会者や慰問団へは特別扱いがなされた。

　19年4月からは不要不急の旅行が強く制限され、20年に入ると、電車ではなく列車が運行されている区間に関しては、旅行目的を前日に申告して調整を受けることになった。19年には横須賀線の2等車が廃止され、3等車も収容人員を増すために座席を半分以上撤去した。このわずかな座席を老人や海軍の高級軍人に先んじて健脚の若者が占めてしまうので、横須賀駅では「学徒、青少年は、体錬のためにも、座席は老人その他に譲りませう」という看板を駅頭に掲げた。続いて繰り広げられた「総親和運動」の横須賀駅の課題は「乗せてやるんだ」「(貨物を)扱ってやるんだぞ」といった態度を一掃し利用者に対して「ハイ」の返事を励行しよう、ということであった。これらの記事からは当時の実情がうかがえる。

　貨物輸送では横須賀駅での滞貨が問題となった。16年1月に鉄道省の要請で軍・市・運送関係者を集めて対策会議を開いた時には、米穀を軍需貨物に準じて優先することが決まったものの、具体策としては当局にガソリンの増配を求めることしかできなかった。しかし、17年12月には年末にとくに激しくなる滞貨対策として、翼賛壮年団・青年団・産業報国隊などに人的な協力を求め、リヤカーや自転車での輸送を行った。この頃から、田浦駅も含め、このような人々が勤労奉仕で荷役を助けるようになった。

(中略)

　占領下の国鉄では白い帯の入った連合国軍専用車が連結され、混雑に苦しむ一般車両の乗客に敗戦を痛感させたが、昭和24(1949)年7月からは一般の2等車が復活した。横須賀市内所在駅の貨物取扱量は、発送では25年の49万6714トン、到着では26年の66万9362トンが最高で、その後36年までこれを凌ぐ値は記録されていない。これは朝鮮戦争に伴い軍需品が九州方面と往き来したことによるところが大きかった。25年の発送の過半は田浦駅で、30年以後は到着でも田浦駅が首位となる。

　東京急行電鉄湘南線でも、21年か6月から横浜－浦賀間で客車の一部をロープで仕切って連合国軍専用車とし、のちに先頭部に専用室を設けた(『京浜急行八十年史』)。経営面では東京急行電鉄内部で旧各社出身者による分離運動が進み、22年12月の株主総会で、4会社1百貨店への解体が決まり、23年6月1日に京浜急行電鉄株式会社が発足した。7月15日には品川－浦賀間の直通運転が再開され、24年4月には

休日ハイキング列車も運転された。

　25年4月には急行の、29年7月には特急の運転が開始され、25年には、1日の運転本数が国鉄の64本に対して京浜急行は230本に及んだ。市内各駅の乗降者数の合計は、逗子駅が市域に含まれていたためもあり、23年まで国鉄が京浜急行を上回っているが、23年と33年の対比では国鉄は減少、京浜急行は倍増して、33年には4分の3以上が京浜急行となった。

空港線

京浜蒲田（現・京急蒲田）を起点とする空港線は、駅を出てすぐに左へ急曲線を描き、本線と並行する第一京浜道路を踏切で渡っていた。羽田空港への連絡路線として需要が高まると同路線では頻繁に電車が往来し、第一京浜道路との平面交差部分は開かずの踏切という様相を呈する時間帯が少なからずあった。
◎京浜蒲田（現・京急蒲田）〜糀谷　1964（昭和39）年3月22日

空港線は起点の京浜蒲田
（現・京急蒲田）駅の手前で
第一京浜道路を渡る。駅、
線路が地上にあった頃に
は、大規模な踏切が設置さ
れていた。線路の両側に誘
導員が立ち、列車が通る度
に手旗で交通整理を行って
いた。航空機が移動手段と
して広く認知され始めてい
たとはいえ、まだおおらか
な時代であった。
◎京浜蒲田（現・京急蒲田）
1965年（昭和40）年3月14日

入り口に門柱が建つ商店街と低いビルの間から空港線の列車が顔を出した。正面５枚窓の古風な姿をした電車はクハ
140形。赤地に白線を巻く京急の新標準色に身を包み、支線で最後の活躍を見せていた。同車両は1000形の増備で、本
線から空港線へ転出した230形等により置き換えられて形式消滅した。
◎京浜蒲田（現・京急蒲田）　1965年（昭和40）年３月14日

旅館に医院、青果店と多彩な種類の店舗が軒を構える蒲田商店街の傍らを空港線の電車が走る。先頭車は大正時代の生き証人クハ140形。京浜電気鉄道が電動車として導入した古参電車は、本線が架線電圧を昇圧した際に600Ｖ対応だった電装機器を取り外されて、20両全車が制御車となった。◎京浜蒲田（現・京急蒲田）　1965年（昭和40）年3月14日

京浜蒲田（現・京急蒲田）駅の空港線のりば
は1番線。駅構内が高架化される前は本線の
のりばとは別にホームが設置されていた。東
側から延びてきた線路は、ホームを経て本線
と繋がる。また横浜方には空港線と構内別線
の分岐があり、分岐線の先で本線と繋がって
いた。
◎京浜蒲田（現・京急蒲田）
1965年（昭和40）年3月14日

多くの車両が東京急行電鉄（大東急）、京
急に継承された230形。晩年は大師線や
空港線等の支線が主な活躍の場であっ
た。羽田空港駅は1956（昭和31）年の開業。
空港線が延伸工事に伴い、1991（平成3）
年に営業を休止した。当駅は工事が竣工
した1993（平成5）年4月1日付けで廃止
され、同時に羽田駅（現・天空橋駅）が開
業した。
◎羽田空港（初代）
1967（昭和42）年12月31日
撮影：日暮昭彦

糀谷～羽田空港、東門前～小島新田付近（昭和4年・昭和41年）

穴守線（現・空港線）の終点だった穴守駅が置かれていた羽田周辺と、多摩川（六郷川）を挟んだ南側の川崎大師付近の地図である。川崎側では、大師線の終点であった川崎大師駅の先に、総持寺駅に至る海岸電気軌道の路線が見えている。海岸電気軌道は1925（大正14）年に開業した後、鶴見臨港鉄道に譲渡され、1937（昭和12）年に廃止された。その後、1944（昭和19）年に旧線を利用して、大師線が延伸している（現在の終点は小島新田駅）。東京側では、糀谷、大鳥居、穴守駅

が置かれていた穴守線が、戦前には羽田海水浴場、穴守稲荷方面に至る観光路線だった。しかし、終戦後に羽田空港が
アメリカ軍に接収されると稲荷橋以東の路線が営業休止に。その後、羽田空港が返還され、右の地図では、穴守稲荷駅
を経由した先の羽田空港駅が終着駅となっていた。多摩川の下流には1939 (昭和14) 年に大師橋が架橋され、現在は二
代目の新橋が羽田〜川崎間を結んでいる。

大師線

京浜電気鉄道が初の鋼製車体を備える電車として大正時代に導入した50号形。後に付随車化されて晩年は京急の所属となりクハ140形と改番された。外枠が厳めしい表情を生み出している米国ブリル製の台車や、側窓の外側に設置された保護棒等が、黎明期の電車であることを窺わせていた。昭和30年代の終わり頃まで大師線等で活躍した。
◎京浜川崎（現・京急川崎）　1964（昭和39）年３月22日

クハ146。京浜電気鉄道が創世期に導入した電動車51号形が、制御車化されたものの昭和30年代まで定期運用に就いていた。同車両では窓上部の雨樋が直線で引き回され、正面中央部分が半円形の意匠になっていた他の同系車両とは異なる印象になっていた。アンチクライマーは前後端部の幅一杯に設置されている。
◎産業道路（現・大師橋）　1964（昭和39）年３月22日

多摩川の右岸に沿って走る230形の京浜川崎（現・京急川崎）行き。背景には日本コロムビア川崎工場の煙突等が望まれる。同工場の最寄り駅である港町は1932（昭和7）年にコロムビア前駅として開業。第二次世界大戦下で営業を休止し、1944（昭和19）年2月1日に港町駅と改称して営業を再開した。
◎港町〜京浜川崎（現・京急川崎）　1965（昭和40）年3月14日

大師線の上り列車は、京浜川崎（現・京急川崎）駅に到着する手前で、川崎市内の東側を通る国道409号と平面交差する。
道路の中央部に分離帯がある幅の広い踏切だが、遮断装置は竿が設置されているばかりのようだ。急曲線を描く線路の
奥に見えるアーチ状のトラス橋は第一京浜道路。橋の下には多摩川が流れる。
◎京浜川崎（現・京急川崎）　1965（昭和40）年３月14日

国鉄（現・JR貨物）の川崎貨物駅付近にあった大師線の塩浜駅。同路線はかつて川崎市の臨海部を通り、産業道路上の
桜本駅まで延びていた。塩浜〜桜本間は1952（昭和27）年に川崎市電へ譲渡された。また、小島新田〜塩浜間は国鉄塩
浜操車場（現・JR貨物川崎貨物駅）の建設い伴い1964（昭和39）年に運転を休止し1970（昭和45）年に廃止された。
◎塩浜　1964（昭和39）年3月22日

運転休止まで後3日に迫った塩浜駅に入線する下り電車。デハ290形を先頭にした3両編成は大師線の日常風景として、利用者に慣れ親しまれた存在だった。デハ290形はデハ230と似た外観だが、デハ230形が客室扉が片側2枚であるのに対して同車両は片側3枚の仕様。編成の後方3両目に連結されている電車はデハ230形である。
◎塩浜　1964（昭和39）年3月22日

閑散とした風情の塩浜駅ホーム。当駅は2駅先であった桜本までの区間を川崎市電に譲渡して以来、大師線の終点となっていた。しかし、国鉄塩浜操車場（現・JR貨物 川崎貨物駅）の建設に伴い小島新田〜塩浜間が分断されることになり、同区間は運転を休止した。以降、路線が再建されることはなく、実質的な部分廃止となった。
◎塩浜　1964（昭和39）年3月22日

旧・海岸電気軌道の沿線（昭和4年・昭和41年）

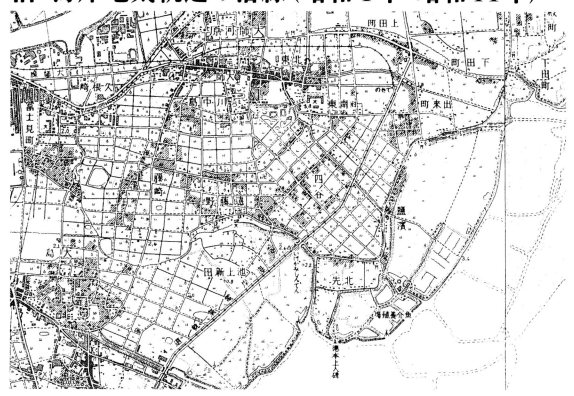

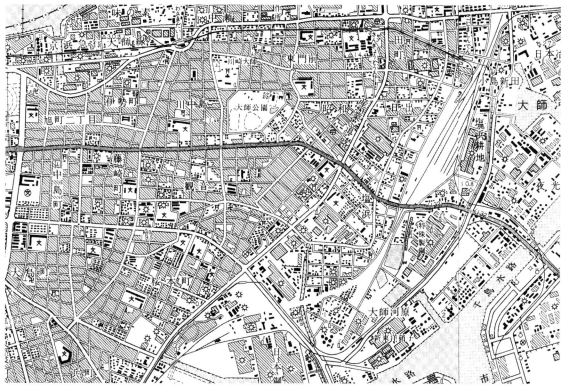

戦前、総持寺～川崎大師間を結んでいた海岸電気軌道。京浜電気鉄道（現・京急）の子会社であり、1925（大正4）年に開業したものの、業績は不振で、1930（昭和5）年に鶴見臨港鉄道に吸収され、1937（昭和12）年に廃止された。1944（昭和19）年に京急の川崎大師～産業道路（現・大師橋）間が開業し、その後も延伸して、1945（昭和20）年に大師線が全通した。現在では、大師線の終点は小島新田駅となっている。

逗子線

三浦半島の付根部分に位置する横浜市の六浦地区。昭和初期に近隣地域を結ぶ湘南電気鉄道が開業。隣接する京浜電気鉄道との相互乗り入れが始まると東京への通勤圏となった。第二次世界大戦後に六浦駅が開業し、周辺の宅地開発が盛んになった。しかし昭和40年代のホームから望む端山は、まだ木々に蔽われていた。
◎六浦　1965（昭和40）年9月23日

1000形の初号車編成。新製時には正面非貫通で、2枚窓を備える旧国鉄80系湘南形電車に似た表情だった。19年間の長きに亘って増備される中で、全車両が電動車として製造された。電動車2両で1単位となる構成で、M1系車両に主制御機器。M2系車両に補機器類を搭載する。
◎神武寺　1965（昭和40）年2月21日

横浜市南端部の駅六浦。逗子線が東京急行電鉄（大東急）の路線であった1943（昭和18）年2月15日。旧日本海軍関係者専用施設として開業した六浦荘仮駅を祖とする。仮駅は現所在地よりも金沢八景駅寄りに置かれた。第二次世界大戦終結後の1949（昭和24）年に現所在地へ移転し六浦駅と改称した。◎六浦　1965（昭和40）年9月23日

逗子線の運用に就く1000形。大きな曲線を取られた優雅な形状の正面窓を備える。昭和30年から40年代にかけて登場した京急電車で主力となった形式だ。正面2枚窓の初期型は行先表示板、列車番号票を掲出していた。長い製造期間の間に車体や搭載機器の形状、仕様は近代車両らしく大きく変更されていった。
◎神武寺　1967（昭和42）年12月16日　撮影：日暮昭彦

夏草の名残か、草生した築堤上を進む2両編成の電車。正面窓2枚の湘南顔を持つ600形だった。デハ614とクハ664の
ユニットは1959（昭和34）年度に製造された、同形式で最後に製造されたグループだった。側面の二段上昇窓はサッシ
の縁取りが際立ち、スタンディングウインドウ（バス窓）を備えているようにも見える。
◎湘南逗子（現、逗子・葉山）付近　1962（昭和37）年11月25日

デハ230を2両連結した列車が、重厚なモーターの唸りを響かせながら築堤上に姿を現した。当時としても一層目を惹
くのは中間に連結されたクハ140形である。非貫通の連結面に見える正面5枚窓が個性的な電車は当初電動車として登
場。東京急行電鉄（大東急）時代の1947（昭和22）年に品川〜横浜間が昇圧され、同車両は制御車に改造された。
◎湘南逗子（現、逗子・葉山）付近　1962（昭和37）年11月25日

電動車に挟まれた3扉の半鋼製車体の車両はクハ145。京急を構成した前身会社の1つである京浜電気鉄道が1924（大正13）年に投入した。東京市電（現・東京電車）への乗り入れに備えて20両製造。正面周りは緩やかな曲面構造で細身の5枚窓を備える。新製時の連結器はバッファーリンクだった。
◎湘南逗子（現、逗子・葉山）付近　1962（昭和37）年11月25日

逗子線の運用に就く600形。大きな曲線を取られた優雅な形状の正面窓を備える。昭和30年から40年代にかけて登場した京急電車で主力となった形式だ。正面2枚窓の初期型は行先表示板、列車番号票を掲出していた。長い製造期間の間に車体や搭載機器の形状、仕様は近代車両らしく大きく変更されていった。
◎神武寺　1967（昭和42）年12月16日　撮影：日暮昭彦

金沢八景と逗子間の行先表示板を掲出した３両編成の電車が終点付近を疾走する。車窓の左手には国鉄（現・JR東日本）横須賀線の架線柱等が霞んでいた。大正生まれのクハ140形をデハ230で挟んだ３両編成は、昭和30年代に支線で運転されていた区間列車の定番だった。◎湘南逗子（現、逗子・葉山）付近　1962（昭和37）年11月25日

金沢八景〜逗子海岸付近（昭和4年・昭和41年）

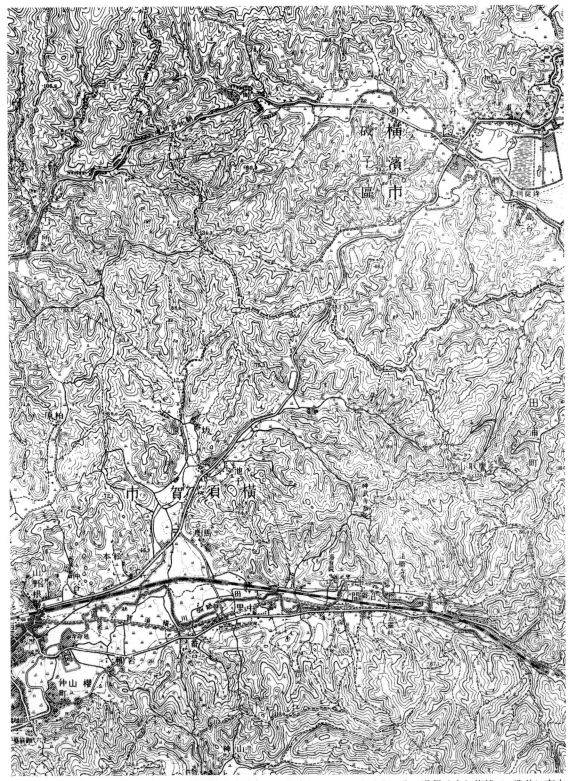

現在の逗子市は1954（昭和29）年に逗子町が市制を施行して誕生している。しかし、その過程は少し複雑で、戦前に存在した三浦郡逗子町（旧田越村）は1943（昭和18）年に横須賀市に編入された後、1950（昭和25）年に再設置されている。湘南電気鉄道（現・京浜急行）の湘南逗子（現・逗子・葉山）駅は1930（昭和5）年に開業している。一方、国鉄（現・JR）横須賀線の逗子駅は1889（明治22）年に誕生していた。左の地図では編入後の横須賀市と記載されているが、この地域の

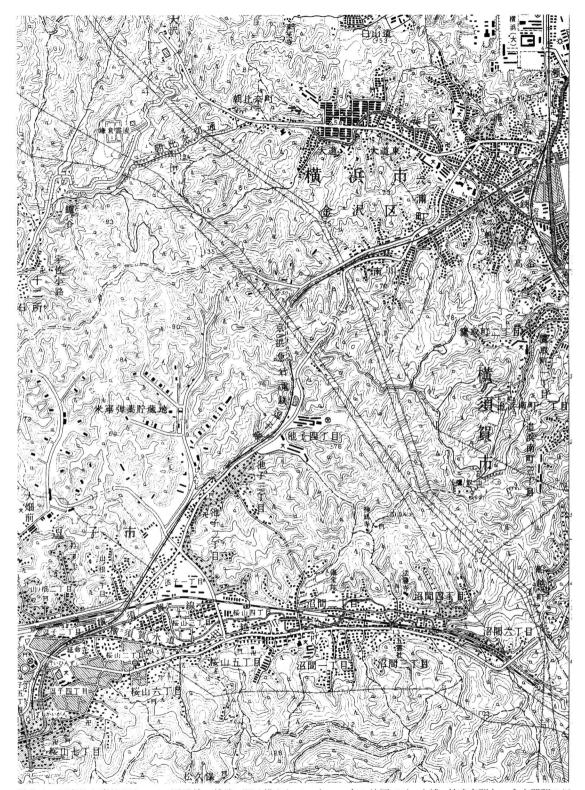

性格上、軍事的な事情があって、逗子線の線路、駅は描かれていない。右の地図では、六浦、神武寺駅という中間駅のほか、かつての終着駅だった京浜逗子（現・逗子・葉山）駅の先に延伸し、逗子海岸駅が開業している。その後、この2つの駅が統合されて、1985（昭和60）年に新逗子駅が誕生している。この駅は2020（令和2）年に現在の駅名である「逗子・葉山」に改称した。

久里浜線

三浦半島の背骨部分を縦断するかのように流れる平井川。久里浜線の終点京浜久里浜（現・京急久里浜）の手前で、列
車は久里浜港へ注ぐ川を渡る。川の右岸には国道が並行し、線路を潜った先で右折して終点駅の南側を通る。京浜久里
浜駅の西側に、国鉄（現・JR東日本）の久里浜駅が隣接している。
◎京浜久里浜（現・京急久里浜）　1963（昭和38）年8月25日

高架ホームに電動車2両編成の小さな電車がやって来た。正面には堀之内、野比と記載した行先表示板を掲出する。久里浜線では第二次世界大戦後初の延伸区間となった京浜久里浜（現・京急久里浜）～野比（現・YRP野比）間が1963（昭和38）年11月1日に開業した。延伸開業から半年余りを経た久里浜駅周辺は、未だ閑散としていた。
◎京浜久里浜（現・京急久里浜）　1964（昭和39）年3月1日

6両編成で特急仕業に就く730形。セミクロスシートを装備した昭和30年代の高性能電車は、京急では500形から踏襲された正面2枚窓の仕様。しかし窓枠の縦横幅が従来車から変更され、数値以上に大きく見えるようになった。また、警戒塗装となっている白帯も幅が広げられて視認性がより向上した。
◎京浜久里浜（現・京急久里浜）　1966（昭和41）年4月10日

三浦半島の中部東岸に広がる三浦海岸。砂浜が続く海辺の向こうには遠く房総半島が望まれ、雄大な景観を堪能することができる。夏季には海水浴客で賑わう行楽地へ向けて特急が増便されていた。列車名は海水浴場に因み、「みうらビーチ」と名づけられた。列車の前面に正方形状の列車種別票を掲出していた。
◎京浜久里浜（現・京急久里浜）〜野比（現・YRP野比）　1976（昭和51）年7月17日

久里浜線から都営地下鉄浅草線の押上まで足を延ばす1000形。特急と記載された列車票を掲出する速達列車は6両編成で運転していた。先頭車側に人影が見え、列車は築堤上で停車しているように見える。走行中に不具合等があり、運転士が外に出て点検作業を行っているのかも知れない。
◎京浜久里浜（現・京急久里浜）〜野比（現・YRP野比）　1976（昭和51）年7月17日

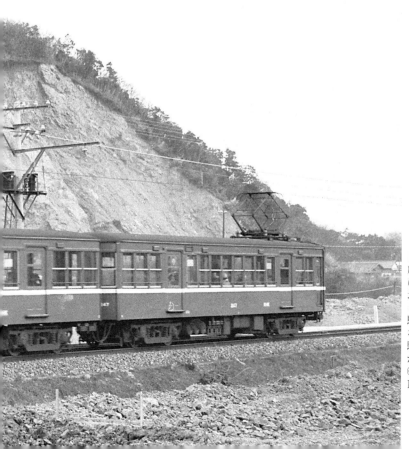

日本が高度経済成長の波に乗って経済成長を遂げる中で、関東一円の地域では鉄道駅等を中心に据えた新たな住宅地開発が盛んに行われた。1区間ながら延伸開業を遂げた野比（現・YR野比）駅の周辺でも、山を切り崩した大規模な造成工事が進められていた。現在は駅前から整然と区画整理された住宅街が広がっている。
◎京浜久里浜（現・京急久里浜）
1964（昭和39）年3月1日

東京急行電鉄（大東急）は第二次世界
大戦中に堀ノ内〜久里浜（現・京急久
里浜）を湘南線の一部として開業し
た。京急の発足で久里浜線となった
同区間は、昭和40年代に入って三浦
半島の南端部を目指し延伸を繰り返
した。1966（昭和41）年3月27日には
野比（現・YRP野比）〜京浜長沢（現・
京急長沢）間が開業した。
◎津久井浜〜京浜長沢（現・京急長沢）
1966（昭和41）年4月10日

快速特急が久里浜線の築堤を軽やかに走って行く。築堤の下方に並行する道路は国道134号。三浦半島の沿岸部に沿って敷設された地域の主要道である。夏休み間近の土曜日だが、自動車の姿はまばらで行楽地への移動手段として、鉄道がまだ幅を効かせていた様子を窺い知ることができる。
◎京浜久里浜（現・京急久里浜）〜野比（現・YRP野比）
1976（昭和51）年7月17日

津久井浜駅から延伸された久里浜線の終点として開業した三浦海岸駅。久里浜線では同年3月27日 野比（現・YRP野比）〜津久井浜間に次ぐ延伸だった。近くに海水浴場等の行楽施設があるものの、海開き前の当地を訪れる観光客は少なく、開業初日のホームは式典が開催された後は終日、静寂に包まれていた。
◎三浦海岸　1966（昭和41）年7月7日

開業から間もない頃の久里浜線延伸区間。草木で蔽われていた山間地にコンクリート製の頑強な高架橋が出現した。轟音と共にやって来た電車は1000形。中間車4両を含む6両編成だ。三浦半島を南下して延伸を続けていた久里浜線に呼応するかのように、支線へ入線する列車に長編成化が図られつつあった。
◎津久井浜〜京浜長沢（現・京急長沢）1966（昭和41）年4月10日

人影もまばらな新駅のホームに当駅始発の特急が、回送と記された列車種別票を掲出して入線して来た。ゆったりとした幅の相対式ホームは、駅の開業から三年余りの後、有効長12両分に延伸された。開業時点ではホームに被さる上屋は中程で途切れ、6両編成の電車に対応していなかった。◎三浦海岸　1966（昭和41）年7月7日

開業初日の三浦海岸駅前。万国旗が飾られ、高架上のホームは開業を祝う看板、モールで彩られていた。駅の出入り口付近にはテントが張られ、開業式典が催された様子だ。関係者と目されるスーツ姿の男性がロータリーには南国情緒を漂わせるシュロの木が植えられている。◎三浦海岸　1966（昭和41）年7月7日

【著者プロフィール】

西原 博（にしはらひろし）

1939（昭和14）年、神奈川県横須賀生まれ。

1962（昭和37）年3月、法政大学工学部機械工学科卒業。同年東急車輌製造株式会社入社、主に特装自動車部門を歩み、1999（平成11）年に定年退職。

高校生の頃から鉄道写真を撮影し、鉄道趣味誌等に投稿。撮影対象は北海道から九州各県の国鉄・私鉄・路面電車等に及ぶ。

牧野和人（まきのかずと）

1962（昭和37）年、三重県生まれ。

写真家。京都工芸繊維大学卒業。幼少期より鉄道の撮影に親しむ。2001（平成13）年より生業として写真撮影、執筆業に取り組み、撮影会講師等を務める。全国各地へ出向いて撮影し、時刻表・旅行誌・趣味誌等に作品を多数発表。著書多数。

【執筆協力】
生田 誠（沿線案内図の所蔵と解説、地図解説）

【写真提供】
小川峯生、荻原二郎、羽片日出夫、長谷川 明、日暮昭彦、村多 正、矢崎康雄、山田虎雄

【地図】
帝国陸軍参謀本部陸地測量部発行「1/25000地形図」
建設省国土地理院発行「1/25000地形図」

京浜急行電鉄
1960年代〜70年代の写真記録

発行日 ………………… 2023年3月17日　第1刷　　※定価はカバーに表示してあります。

著者 ………………… 西原 博（写真）、牧野和人（解説）
発行人 ………………… 高山和彦
発行所 ………………… 株式会社フォト・パブリッシング
　　　　　　　　　　　〒161-0032　東京都新宿区中落合2-12-26
　　　　　　　　　　　TEL.03-6914-0121　FAX.03-5955-8101
発売元 ………………… 株式会社メディアパル（共同出版者・流通責任者）
　　　　　　　　　　　〒162-8710　東京都新宿区東五軒町6-24
　　　　　　　　　　　TEL.03-5261-1171　FAX.03-3235-4645
デザイン・DTP ……… 柏倉栄治
印刷所 ………………… 株式会社シナノパブリッシングプレス

ISBN978-4-8021-3378-4 C0026